신재효 판소리 사설 필사본, 판소리 박물관 소장, 전북 고창군 고창읍

모흥갑 판소리도, 서울대학교 박물관 소장

작자 미상의 8폭 병풍 〈평양도〉의 일부로, 그림 중앙에 '모흥갑'이라는 소리꾼의 이름이 쓰여 있다.
그림 왼편에 '능라도'라고 쓰여 있어서, 이 그림이 능라도에서 모흥갑이 소리를 하는 광경을 그린 것임을
알 수 있다. 이 그림은 초기 판소리의 공연 모습을 보여주는 아주 귀중한 자료이다.

창극 〈흥보전〉 중 놀보가 화초장을 짊어지고 가는 부분(위)과 창극 〈춘향전〉 중 어사출두 부분.
남원시립국악단 공연

권삼득의 소리굴(위)과 지리산 구룡폭포

명창이 되기 위해 소리꾼은 오랜 수련을 해야 했다.
권삼득은 굴에서 독공을 했으며, 지리산 구룡폭포는 명창들이 수련하던 장소로 이름 높다.

임방울(1905~1961)

이 사진은 전남 순천 사람 벽소(碧笑) 이영민(李榮珉, 1881~1962)이 찍은 것인데, 이영민은 소리꾼을 비롯한 국악인들을 초청해서 국악을 감상하고, 그 느낌을 시로 써서 곁에 붙여놓고 사진을 찍었다. 그 기간은 1935년경부터 1948년경까지인데, 이영민이 사진을 찍어둔 국악인은 53명에 이른다.

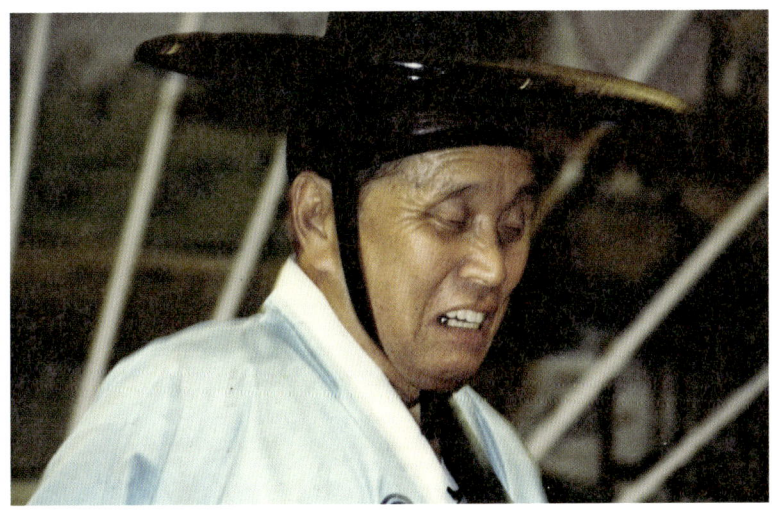

박동진(1916~2003)
고수는 1980년대 전주에서 개최된 전국고수대회 출전자이다.

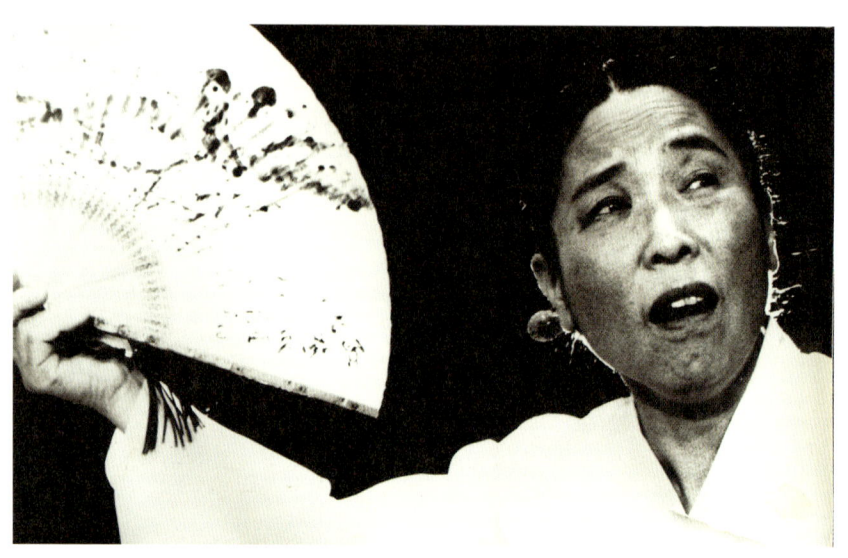

김소희(1917~1995)

소리꾼

09 키워드 한국문화

소리꾼

득음에 바치는 일생

최동현 지음

문학동네

일러두기
본문의 주석은 미주로 붙였다. 다만, '판소리 한 대목'의 용어 설명은 별도의 각주로 달았다.

차례

머리말　006

1_ 소리꾼과 광대　009
누가 광대인가 | 광대의 자격

2_ 사설, 다양성의 아름다움　029

3_ 득음, 소리를 얻는 세 가지 비밀　043
목을 흉터투성이로 만들다 | 음의 높이, '청' | 소리의 맛, '성음'

4_ 독공, 소리꾼의 전지훈련　061
소리를 위해 피를 토하다 | 독공의 장소 | 득음의 순간

5_ 춤 같고 연기 같은 발림과 너름새　079
발림과 너름새 | 연기와 너름새

6_ 좋은 목 나쁜 목, 판소리의 역설　091
이화중선: 구름에 달이 떠 있듯 연하고 고운 목소리 | 김소희: 하늘이 준 목
임방울: 하늘을 훨훨 날아다니는 소리 | 정정렬: 떡목으로 판을 막다
김연수: 이면을 그린 소리 | 판소리의 역설

7_ 명창 이야기　115
인물 잘났던 장재백 | 근대 문물이 만들어낸 명창, 임방울
마지막 대가 박동진 | 최초의 여자 소리꾼 진채선 | 서슬의 소리꾼 박초월

맺음말　167
부록_ 우리 명창 사전　173
주　186
참고문헌　189

키워드 속 키워드
1 명창의 핏줄, 가문 대대로 이어지다 027 | **2** 다양한 목 058 | **3** 연수전중용하기 159 | **4** 남원 판소리를 이은 장재백의 가문 161 | **5** 판소리 최고 히트곡 〈쑥대머리〉는 누가 만들었나? 163 | **6** 근대 5명창 165

머리말

판소리, 창조적 천재성이 발현된 우리 예술

2003년 11월 7일 우리나라의 판소리가 '인류 구전 및 무형 유산 걸작'으로 선언되었다. 그저 자랑스러운 민족문화 유산이라는 정도의 의미를 갖고 있던 판소리를, 유엔의 산하 기구인 유네스코가 '인류 구전 및 무형 유산 걸작'으로 선언함으로써, 판소리는 민족이라는 울타리를 뛰어넘어 인류의 창조적 천재성이 발현된 걸출한 예술로 재평가받았다. 많은 사람이 이 일을 자랑스럽게 생각하고, 또 문화민족으로서의 자부심까지 느꼈을 것이다.

그런데 문제는 그다음이다. 판소리가 아무리 뛰어난 예술이라고 해도 우리가 계속 지키고 가꾸지 않으면 아무 소용이 없다. 판소리를 지키고 가꾸는 일은 생활 속에서 판소리를 향유하는 데서부터 시작된다. 판소리는 예술작품이기 때문에 향유를 전제로 존재한다. 만약 우리가 이를 누리고 즐기지 않는다면 판소리의 예술적 가치도 전혀 의미가 없다.

그런데 현재의 상황은 낙관적이지 않다. 판소리 청중은 점점 줄고 있다. 당연히 판소리 공연장은 썰렁하다. 판소리 공연은 몇몇 경우를 제외하고는 전혀 수지타산이 맞지 않는 일이다. 그러다 보니 판소리 창자들도 공연에 애쓰지 않고 개인 교습에만 매달린다. 청중이 없는 판소리를 배워서 업으로 삼겠다는 사람들이 계속해서 나올 리 없다. 얼마 지나지 않아 판소리를 배우고자 하는 사람 또한 사라질 것이다. 그러면 개인 교습으로 수입을 올리고 있는 사람들도 바로 어려움에 처할 것이다. 판소리는 이제 존망의 기로에 놓여 있다. 판소리 창자들의 형편이 예전에 비해 조금 나아진 것은 사실이다. 그러나 그 이면에 드리운 암울한 그림자는 판소리의 장래를 심히 걱정스럽게 한다.

우리는 판소리가 없어도 살 수 있다. 판소리는 물리적 차원의 생존을 좌우하는 요소가 아니기 때문이다. 그러나 판소리가 없다면 문화민족이라는 우리의 자부심은 크게 손상될 것이다. 몇 년 전에 연변 지역의 판소리를 조사한 적이 있다. 연변 지역은 오랫동안 판소리 전승 지역과 떨어져 고립되어 있었기 때문에, 제대로 된 판소리를 지키고 가꾼다는 것은 거의 불가능한 지역이었다. 그런데도 연변예술대학에서는 판소리를 가르치고 있었다. 물론 그 수준은 보잘것없었다. 그래서 필자는 이런 악조건 속에서도 굳이 판소리를 지키고자 하는 이유를 물었다. 민속학자이자 음악가인 김남호는 이렇게 말했다. "중국 속의 조선족은 상시적인 소멸의 위기 앞에 놓인 존재이다. 판소리를 지키려고 노력해온 이유는, 판소리를 지키는 것이 민족을 지키는 한 방법이 된다고 믿기 때문이다." 물론 우리는 중국에 사는 조선속저럼 늘 민족 소멸의 위기 속에서 살고 있지는 않다. 그러나 판소리가 우리를 우리답게 하는 중요한 문화적 지표인 것만은 분명하다. 만약 우리가 우리를 우리답게 하는 문화적 지표들, 예컨대 한국어나 한복, 한국 음식 그리고 판소리가 사라진 뒤에도 여전히 다른 민족과 구별되는 독자적인 민족으로서 당당하게 살아갈 수 있을 것인가? 이렇게 보면 판소리 하나를 지키는 일이 결코 하찮은 일이 아님을 이해할 수 있을 것이다.

판소리를 지키는 일은 판소리에 대한 이해에서 출발한다고 필자는 믿는다. 소리꾼은 판소리의 전승과 공연에서 가장 중요한 주체이다. 사실 판소리는 소리꾼을 이해하면 다 이해할 수 있다고 해도 과언이 아니다. 소리꾼이라는 키워드를 통해서 판소리를 더 잘 이해할 수 있고, 또 판소리를 친숙하게 대할 수 있는 작은 통로 하나를 만든다는 마음으로 이 책을 썼다.

보잘것없는 원고를 훌륭한 책으로 만들어준 문학동네에 감사한다. 또 편집을 맡아준 구민정 씨의 노고에 대해서는 특별히 감사드리지 않을 수 없다.

또다시 가을이 오고 있다. 여름내 비바람 속에서 키운 것들을 아낌없이 다 주고 더 꼿꼿해지는 과목들의 마음을 닮았으면 좋겠다.

2011년 8월
최동현

1

소리꾼과 광대

광대는 본래 '가면'을 뜻하는 말이었다고 한다. 그러다가 '가면을 쓰고 여러 가지 놀이를 하는 가면극 배우'라는 뜻으로 쓰이기도 하였다. 이러한 의미의 광대는 오늘날 탈춤에서 등장인물을 광대라고 하는 데서도 찾아볼 수 있다. 조선 중기쯤에는 광대라는 말이 인형극 배우를 가리키는 말로도 사용되었으며, 나중에는 여러 가지 연예에 종사하는 사람들을 가리키는 명칭이 되었다. 근대에 이르면 이 말은 다시 판소리 창자를 주로 가리키게 된다.

누가 광대인가

판소리를 부르는 사람을 무엇이라고 일컫는가? '소리꾼'이라고 한다. 한자 말로는 창자唱者라고 한다. 소리꾼은 '소리를 하는 사람', 창자는 '노래를 하는 사람'이라는 뜻이다.

'소리'는 여러 가지 뜻을 가지고 있지만, 음악 용어로 쓸 때는 민속음악[1]의 성악곡을 가리킨다. 가령 모를 심으면서 부르는 노래는 '상사소리'라고 하고, 집을 짓기 위해 땅을 다지면서 부르는 노래는 '달구질소리'라고 한다. 남도 민요는 '남도소리'라고도 한다. 그런데 시조를 노래로 부를 때는 '시조창'이라고는 해도 '시조소리'라고는 하지 않는다. 그러니까 소리꾼이라고 했을 때 이는 '민속음악을 노래 부르는 사람'을 뜻한다.

그런데 처음부터 판소리를 부르는 사람을 소리꾼이나 창자라고 하지는 않았다. 판소리를 부르는 사람을 가리키는 말로는 '광대廣大'라는 말이 가장 널리 쓰였다. 신재효1812~1884는 소리꾼이 갖추어야 할 조건을 〈광대가〉라는 노래에서 제시했는데, 이때의 광대라는 말이 그러한 쓰임새를 잘 보여준다. 생전에 명창 박동진은 자신을 광대로 불러주기를 원했다. 그런가

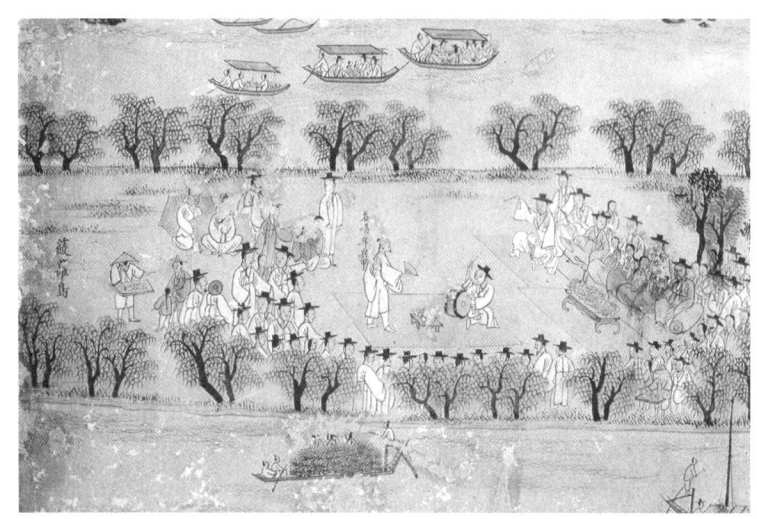

모흥갑 판소리도

하면 다른 많은 소리꾼은 자신이 광대로 불리는 것에 대해 심한 거부감을 갖기도 하였다. 왜 그랬을까?

광대는 본래 '가면'을 뜻하는 말이었다고 한다. 그러다가 '가면을 쓰고 여러 가지 놀이를 하는 가면극 배우'라는 뜻으로 쓰이기도 하였다. 이러한 의미의 광대는 오늘날 탈춤에서 등장인물을 광대라고 하는 데서도 찾아볼 수 있다. 조선 중기쯤에는 광대라는 말이 인형극 배우를 가리키는 말로도 사용되었으며, 나중에는 여러 가지 연예에 종사하는 사람들을 가리키는 명칭이 되었다. 근대에 이르면 이 말은 다시 판소리 창자를 주로 가리키게 된다.

그런데 광대는 연예 오락에 종사하는 기능 집단이었을 뿐만 아니라, 이런 일에 종사하는 신분 집단이기도 했다.[2] 연예 오락에 종사하는 사람들이 신분적으로 고정되어 있었기 때문이다. 그리고 그 신분은 천민이었다. 그러니까 광대라는 말은 기능적으로는 우리의 민속예능을 담당하던 전문가 집단을 가리키지만, 신분적으로는 연예 오락에 종사하는 천민 집단이라는 뜻이다. 박동진이 자신을 광대로 불러주기를 원했던 것은 광대가 전문적인 기능인을 가리키는 명칭이기 때문이다. 다시 말하면 노래를 전업으로 삼는 전문가로 불러달라는 뜻이다. 그런가 하면 많은 소리꾼이 광대로 불리는 데 거부감을 가진 이유는 광대가 천민이라는 신분을 가리키는 명칭

〈안동권씨 소장 문희연도〉 맨 앞에 보이는 악기를 연주하거나 장대에 매달려 재주를 부리는 사람이 광대이다. 문희연이란, 과거에 급제한 사람이 친지를 불러 베풀던 연회를 뜻한다.

이었기 때문이다. 그러니까 이들이 갖는 거부감은 천민이라는 신분에 대한 거부감인 것이다.

그러면 광대라는 집단은 어떻게 생겨나서, 어떻게 존재했는가? 예로부터 인간에게 음악과 놀이는 필수적인 것이었다. 개인이나 부족은 물론이고, 국가 단위에서도 음악과 놀이는 반드시 필요한 것이었다. 국가나 관청은 늘 행사를 주관했는데, 여기에는 음악과 놀이가 필요했다. 이런 행사를 위하여 국가나 관청에서는 평상시에도 음악과 놀이를 제공할 조직을 유지해야 했다. 이런 조직은 삼국시대 이전부터 존재했을 것으로 보이는데, 고려시대에 이르면 음악을 담당하는 전문적인 악공과 연극이나 놀이를 주로 하는 광대들을 국가에서 관리했던 기록이 등장한다. 이들의 역할은 신분적으로 고정되어 세습되었다. 이들은 중국에서 온 사신을 맞이할 때나 삼년상을 마친 후 왕의 위패를 종묘에 모시는 부묘 행사, 해마다 연말에 궁중에서 하는 큰 굿인 나례희, 국가의 큰 경사에 벌이는 잔치 등 대규모 행사에 동원되었다. 이런 행사에는 600여 명의 광대와 악공이 동원되었다고 한다. 그런데 이런 행사가 중앙에서만 이루어지는 것은 아니었다. 지방 관청에서 베푸는 연말의 나례희나 과거 급제자를 위한 잔치 등에도 이들이 동원되었다.[3] 이들은 재인청才人廳이라는 조직에 소속되어 중앙과 지방 관청의 요구에 응하였다.

『조선무속의 연구』에 의하면, 재인청은 광대청廣大廳, 화랑청花郎廳으로도 부르며, 경기도, 충청도, 전라도 세 도의 각 군에 있는데, 도에는 도청都

廳이 있고, 그 장을 대방大房이라고 하며, 대방 아래 도산주都山主 두 명이 있어서 좌도도산주, 우도도산주라 부르고, 한 도를 좌우로 나누어 관장하였다고 한다. 군 재인청의 장은 청수廳首라 부르고, 그 아래에 공원公員과 장무掌務가 있었다. 계원契員, 재인청의 구성원은 단골집 즉 세습 무당의 집안으로 한정되어 있고, 오로지 굿음악만을 반주하는 화랑花郞, 거꾸로 서서 줄넘기 등의 곡예를 연기하며 동시에 굿음악 연주자이기도 한 재인才人, 가무를 하는 예인, 굿음악을 하는 광대가 포함되어 있는데, 무녀도 역시 그 감독을 받는다고 하였다.⁴

이 기록을 보면 재인청에 소속된 악공과 광대들이 모두 세습 무당의 가계에 속한 사람들로 구성되어 있었음을 알 수 있다. 실제 남도 지역의 무

김홍도, 〈무동〉

당들은 세습무이다. 우리나라의 무당은 강신무와 세습무로 나뉘는데, 북부 지역은 신내림을 받아 무당이 되는 강신무가 주축이고, 남부 지역은 대대로 무업巫業에 종사하여 무당이 되는 세습무가 중심이다. 그런데 이 세습무 집안의 남자들, 곧 무부巫夫, 무당의 남편가 광대로서 연예와 오락에 종사했다. 굿은 종교 의례로서 각종 노래와 춤, 놀이가 어우러진 종합예술의 성격을 지니고 있다. 그렇기에 '굿'의 일차적인 사전적 의미는 '여러 사람이 모여 떠들썩하거나 신명나는 구경거리'이다. '무속의 종교 제의'라는 뜻은 굿의 이차적 의미일 뿐이다. 남도 지역의 세습무들은 천민으로 신분이 고정되어 있었기 때문에, 타고나면서부터 무업에 종사하도록 훈련을 받았다. 또 이들은 세습무끼리만 혼인을 하였다. 자연히 이들은 고도의 기능을 갖게 되었다. 우리나라 민속예술의 대부분이 이들로부터 나온 것은 우연이 아니다.

 그런데 바로 이 무당 집안의 남자들 중에서 판소리 창자의 대부분이 나왔다. 판소리는 처음에는 민중 사이에서 유통되며 소비되다가 나중에는 양반들을 주요 소비층으로 끌어들이면서 예술적 발전을 이루었고, 마침내 왕실에까지 침투하였다. 판소리 창자들은 이제 많은 보수를 받게 되었으며, 비록 명목상이기는 하지만 벼슬을 받기도 했다. 송만갑은 감찰 벼슬을 받았고, 이동백은 통정대부, 김창환은 의관 벼슬을 받았다. 그래서 이들은 송감찰, 이통정, 김의관 등으로 불리기도 했다. 판소리 창자들이 이렇듯 높은 대우를 받게 되자, 무부 중에서 능력 있는 사람들은 판소리를 하려고

신윤복, 〈무당〉 | 오른쪽 윗부분에 부채를 들고 팔을 벌리고 서 있는 여인이 무당이고, 왼쪽 아랫부분에 장구와 피리를 연주하고 있는 두 남자가 무부이다.

했다. 그래서 능력이 있으면 소리꾼이 되고, 소리꾼이 못 되면 악기를 다루고, 그것도 안 되면 줄을 타든지 땅재주를 부리는 사람이 되었다.

그런데 조선조 후기에 오면서 여러 가지 이유로 국가에서 행하던 큰 행사들이 폐지되기에 이른다. 마침내 1894년 갑오개혁으로 신분제가 폐지되어 광대는 신분 해방을 이룬다. 게다가 대다수 광대의 주 수입원이었던 과거 급제자들을 위한 행사마저 1894년 과거제도가 폐지되면서 사라져버렸

기산箕山 김준근金俊根, 〈유가遊街〉, 독일 함부르크 민족박물관 소장 | '유가'는 과거 급제자가 광대를 데리고 풍악을 울리면서 시가행진을 벌이고, 시험관, 선배 급제자, 친척 등을 찾아보던 일. 보통 3일에 걸쳐 행하였다.

다. 사정이 이렇게 되자 판소리 명창처럼 대우를 받는 광대들을 제외하고는 새로운 활로를 모색하지 않을 수 없었다. 대체로 1900년 무렵에는 광대의 상당수가 사당패로 흘러들어가게 되었다고 한다. 본래 사당패는 여자들만으로 구성되어 노래와 춤을 공연하면서 매음을 하고 다니던 떠돌이 예인 집단이었다. 그런데 광대의 유입으로 사당패가 남사당패로 바뀌면서, 이들의 공연 종목 또한 광대들의 공연 종목이었던 풍물, 줄타기, 땅재주, 접시돌리기, 인형극, 탈놀이 등으로 바뀌었다고 한다.[5] 이렇게 되자 전통적으로 광대들의 공연 종목이었던 것들 대부분이 광대들의 공연 목록에서 사라져버리고, 일부 종목만 남게 되었다. 다음과 같은 기록은 이러한 저간의 사정을 잘 보여준다.

지금 광대라고 하면 가면, 인형극의 배우는 연상이 되지 않고 도리어 남도 단가라든지 혹은 공중에 기다란 줄을 매고 그 위에서 곡예하는 사람을 의미하게 되니, 즉 가창歌唱을 전업하는 사람들이다. 광대의 소리는 대개 〈새타령〉〈만고강산〉 등이나, 그보다도 〈심청가〉〈춘향가〉〈홍보가〉 등이 모두 광대의 소리이다. 그래서 가창을 전업하던 광대는 이어서 구극배우舊劇俳優의 명칭으로 화하였다.[6]

여기서 광대의 소리로 들고 있는 〈새타령〉은 남도 민요의 일종이고, 〈만고강산〉은 본 판소리를 부르기 전에 부르는 짧고 서정적인 노래인 단가의 하나이다. '구극배우'에서 '구극'은 옛날 극이라는 뜻으로 판소리를 가리키다. 그러니까 '구극배우'는 판소리 창자, 곧 소리꾼을 가리키는 말이다. 이 기록을 보면 일제강점기에는 광대 신분의 사람들이 판소리와 줄나기 등의 일부 영역에만 남아 있었다는 것을 알 수 있다. 그리고 이때 벌써 광대라는 말이 판소리 창자들을 가리키는 명칭으로 자리 잡았다는 사실도 알 수 있다. 결국 '광대'가 판소리 창자를 가리키는 말이 된 것은 사회변화에 따라 광대들의 공연 영역이 판소리만으로 한정되어 남게 된 데 따른 것이다.

앞에서 살펴본 것처럼, 광대는 국가나 관청의 행사에 수시로 동원되던 사람들, 천민이었다. 평상시에 이들은 무부로서 무업에 종사했다. 무당으로서 굿을 주관하는 사제는 여자들이다. 따라서 무부들은 굿을 할 때 곁에서 굿음악을 연주하는 일을 기본으로 삼으면서 여러 가지 연예 오락에도 종사했다. 그러한 가운데 그들은 우리 민족이 세계에 자랑할 만한 훌륭한 예술을 창조해냈다.

판소리를 통해 우리 민족은 계층을 뛰어넘어 함께 울고 웃는 진정한 공동체가 될 수 있었다. 광대들이야말로 온갖 악조건 속에서 가장 아름다운 예술을 빚어낸 위대한 예술가들이었다.

광대의 자격

판소리 창자인 광대가 갖추어야 할 조건으로 신재효는 〈광대가〉[7]에서 네 가지를 들었다.

거려천지蘧廬天地, 잠시 머물다 가는 주막 같은 이 세상 **우리 행락**行樂, 잘 놀고 즐겁게 지냄 광대 행세 좋을시고. 그러하나 광대 행세 어렵고 또 어렵다. 광대라 하는 것이 제일은 인물치레, 둘째는 사설치레, 그 직차(直次). 바로 그 다음 득음이요, 그 직차 너름새라.

신재효는 광대의 구비 요건으로 '인물'을 맨 처음에 들었다. 그만큼 인물이 중요하다는 뜻이겠다. 그런데 그냥 '인물'이라고 하지 않고 '인물치레'란 말을 쓴 것을 보면, 아무래도 판소리 창자는 인물이 잘생겨야 한다는 뜻인 듯하다. 그런데 판소리 광대는

신재효의 흉상, 판소리 박물관 소장, 전북 고창군 고창읍

정말 잘생겨야 하는 것일까? 물론 판소리는 공연자의 신체를 표현의 수단으로 삼는 공연예술이다. 그렇기 때문에 광대라면 아무래도 호감을 주는 용모가 좋을 것이다. 판소리사에서 장재백이나 이동백, 박지홍 같은 이들은 인물 좋기로 유명했다.

그렇지만 인물만 좋고 소리를 못한다면 그 좋은 인물도 아무 쓸모가 없다. 소리꾼 중에는 인물이 특별히 못난 사람도 있었다. 박기홍은 오른쪽 눈이 오징어 눈처럼 튀어나왔는데도 명창이 되었다. 박기홍이 서울로 올라가 추한 생김새에도 불구하고 명창으로 인정받자 대원군이 박기홍을 불렀다. 대원군은 박기홍에게 술을 많이 먹여 그를 혼수상태에 빠지게 한 다

음 의원을 시켜 박기홍의 오른쪽 눈을 도려내버렸다. 그러고는 오수경烏水鏡, 색안경을 하사하였다. 그 후로 박기홍은 오수경을 쓰고 다니면서 소리를 했다고 한다.8 한편 근세의 최고 명창 임방울은 얼굴이 얽었다고 한다. 그럼에도 임방울은 당대 최고 명창으로 수많은 염문을 뿌리고 다녔다. 그래서 신재효는 인물에 대해 설명하면서 "인물은 천생天生이라 변통할 수 없거니와"라고 했다. 인물이 중요하긴 한데 이는 타고나는 것이기 때문에 어쩔 수 없다는 뜻이다. 인물이 좋아야 한다는 것은 판소리 공연에서 공연자의 신체가 차지하는 중요성을 강조한 말로 보는 것이 좋을 것이다.

'사설'은 가사인데, 이에 대해서는 "정금미옥精金美玉, 좋은 금과 아름다운 옥. 인격이나 글이 아름답고 깨끗함을 비유하는 말 좋은 말로 분명하고 완연하게 색색이 금상첨화 칠보단장七寶丹粧 미부인이 병풍 뒤에 나서는 듯, 삼오야三五夜, 보름날 밤 밝은 달이 구름 밖에 나오는 듯, 새눈작은 눈. 웃으면 눈이 감길 듯해지기 때문에 쓴 표현 뜨고 웃게 하기 대단히 어렵구나"라고 하였다. 사설은 아름답고 좋은 말로 마치 눈앞에 보이는 것처럼 뚜렷하게 묘사해야 한다는 뜻으로 보면 될 듯하다. 그러나 판소리 사설은 다른 장르의 문장과는 다른 특성을 갖고 있다. 판소리는 노래로 불리는 긴 이야기이기 때문이다. 판소리 사설은 이야기, 곧 서사이면서도 노래로 부르기에 적합한 양식으로 되어 있다. 그렇기에 아무런 표시가 없어도 판소리로 부를 수 있는 사설인지 아닌지를 분별할 수 있다. 흔히 판소리 사설의 문체가 소설과 비슷하다고 생각할지 모르나 전혀 그렇지 않다. 소설은 노래로 부르지 않고 읽

신재효 판소리 사설 필사본, 판소리 박물관 소장

는 것이기 때문에 독해에 맞게 쓰여 있기 때문이다. 그러므로 판소리의 사설이 좋아야 한다는 말은 판소리에 적합하게, 그리고 판소리의 미학적 기준에 비추어 잘 짜인 사설이어야 한다는 뜻으로 보아야 한다.

'득음'에 대해서는 "오음五音을 분별하고 육률六律을 변화하여 오장五臟에서 나는 소리 농락籠絡하여 마음대로 놀려 자아낼 제 그도 또한 어렵구나"라고 하였다. 오음이니 육률이니 하는 말이 다소 낯설기는 하지만, 서양식으로 말하면 정확한 음정을 뜻하는 것으로 보면 된다. 그러니까 정확한 음정으로 여러 가지 소리를 만들어내야 한다는 것인데, 일반적으로는 판소리에서 요구되는 최상의 음색을 내고, 발성의 기교를 자유자재로 구사하게 되는 경지라고 보면 될 듯하다.

'너름새'는 판소리를 부를 때 하는 여러 가지 육체적인 표현으로, 연극적인 동작을 뜻한다. 이에 대하여 신재효는 "귀성 끼고 구수한 맛이 깃들고, 맵시 있고, 경각頃刻, 순식간의 천태만상千態萬象 위선위귀爲仙爲鬼, 신선도 되고 귀신도 됨 천변만화千變萬化, 좌상座上, 여러 사람이 모인 자리의 풍류호걸風流豪傑, 구경하는 남녀노소 울게 하고 웃게 하는 이 귀성 이 맵시가 어찌 아니 어려우며"라고 했다. 육체적인 동작은 우선 구수한 맛이 깃들고, 아름답고 보기 좋은 모양새여야 한다고 했다. 그리고 이 너름새를 자유자재로 구사하여 순식간에 신선이 되었다가 귀신이 되기도 하는 등 다양한 변화를 보여주어야 하는데, 최종적으로는 구경하는 사람들을 울게 하고, 웃게 하는 등 감동을 주어야 한다고 했다. 그렇다면 너름새가 과연 연기와 같은 것인가? 연기란, 어떤 행위를 정확하게 모방해서 재현하는 것이다. 그런데 판소리 창자는 연기자처럼 분장을 하지 않는다. 연기라면 춘향이 역할을 하는 사람은 춘향이와 같은 복장을 갖추어야 한다. 또 극중에서 우는 연기를 한다면 눈물을 흘리면서 실제로 우는 것처럼 해야 한다. 그런데 판소리에서는 소리꾼이 춘향이처럼 꾸미지는 않는다. 여러 인물의 역할을 해야 하기 때문에 그렇게 꾸밀 수가 없다. 또 우는 흉내를 낼 뿐 실제로 울지는 않는다. 그러다 보면 소리를 할 수 없다. 판소리에서의 너름새는 고도로 축약되어 있고 상징화되어 있어서 연극에서의 연기와는 다르다. 그렇다고 해서 여실한 느낌을 주지 못한다면 좋은 너름새라고 할 수가 없다. 여실한 느낌을 줄 수 있어야 감동을 이끌어낼 수 있기 때문이다.

신재효는 이 네 가지를 설명하고 나서 "원원(源源)한 이 속판이 소리하는 법례"라고 했다. 내적으로 갖추어야 할 깊고 깊은 내용이 소리하는 '법례'라는 말이다. 법례란 '법률을 적용할 때 기준으로 삼을 일반적으로 통용되는 규칙'이다. 그러니까 소리할 때는 이 네 가지를 기준으로 삼아야 한다는 뜻이다. 신재효가 일찍이 판소리 창자의 구비 요건으로 든 이상의 네 가지는 지금까지도 별다른 이견 없이 통용되고 있다. 그런데 이 네 가지

박애리 1977~ | 현재 국립창극단 단원

중에서 인물은 타고나는 것이라서 후천적인 노력으로 어찌할 수 있는 것이 아니다. 그러므로 판소리 창자는 인물을 제외한 나머지 세 가지를 갖추기 위해 노력할 수밖에 없다. 소리꾼들이 명창이 되기 위해 겪는 온갖 고초는 사실 이 세 가지를 제대로 갖추기 위해 필연적으로 겪을 수밖에 없는 시련이다. 이제 그 세 가지를 차례차례 알아보기로 한다.

키워드 속 키워드 1

명창의 핏줄, 가문 대대로 이어지다

판소리 창자들의 가계는 무당 가계와 비슷한 특성을 지니고 있다. 남도의 무당 가계에서 나온 창자가 많았기 때문이다. 예컨대 무당 가계가 세습된 것과 마찬가지로 판소리 명창들도 가문을 중심으로 대대로 이어서 명창이나 명인을 배출하는 일이 많았다. 또 무당 가계가 같은 무당 집안끼리만 혼인을 했기 때문에 판소리 명창도 서로 인척인 이들이 많았다.

대대로 명창을 배출한 대표적인 집안은 전북 남원 운봉의 송씨 가문, 충남 강경의 김씨 가문, 전남 나주의 정씨 가문, 전남 보성의 정씨 가문 등이다. 운봉의 송씨 가문에서는 가왕歌王으로 일컬어지는 송흥록으로부터 송광록송흥록의 동생, 송우룡송흥록의 아들, 송만갑송우룡의 아들, 송기덕송만갑의 아들에 이르기까지 4대에 걸쳐 명창을 배출하였고, 강경의 김씨 집안에서는 중고제 소리의 시조인 김성옥, 김정근김성옥의 아들, 김창룡·김창진김정근의 아들에 이르기까지 3대에 걸쳐 명창을 배출하였다. 나주의 정씨 가문에서는 정창업, 정학진정창업의 아들, 정광수정학진의 조카, 정의진정광수의 딸 등 4대에 걸쳐 명창을 배출하였으며, 보성의 정씨 가문에서는 징재근, 정용민징재근의 조카, 정권진정용민의 아들, 정회석정권진의 아들까지 역시 4대에 걸쳐 명창을 배출하였다. 그 외에도 부자간, 부녀간 또는 모녀간 명창은 부지기수다.

명창의 친척 관계는 다음과 같은 경우가 널리 알려져 있다. 송흥록과 김성옥은 처남 매부 간이며, 이날치, 김창환, 박기홍은 이종 간이다. 유성준과 장재백은 처남 매부 간이고, 김

안숙선1949~

정문은 유성준의 생질이다. 임방울은 김창환의 생질이며, 가야금병창 무형문화재인 강정렬은 강도근의 당질, 명창 안숙선은 강도근의 생질이다. 경상북도 지방무형문화재였던 장월중선은 장판개의 질녀이다. 이외에도 판소리 창자들 사이의 친인척 관계는 수없이 많다.

2

사설, 다양성의 아름다움

판소리 사설은 한 사람이 감당할 수 없는 내용으로 되어 있다. 판소리 사설에 들어 있는 내용은 이루 말할 수 없이 다양해 우리 삶의 전 부분을 포괄한다. 이런 다양한 내용이 판소리 속에 들어 있는 것은 다양한 사람들이 판소리 제작에 참여해 많은 사람의 지식과 경험이 축적되었기에 가능했던 것이다. 이렇게 해서 판소리 사설은 다양한 사람의 경험과 지식을 한곳에 모아놓음으로써 개인의 경험과 지식의 한계를 벗어나 광범위하고도 심오한 내용을 담게 되었다.

판소리 사설은 판소리에 적합하게 만들어져야 한다고 했다. 그러자면 사설이 판소리의 형식에 맞아야 한다. 판소리 형식의 가장 특징적인 점은 아니리와 창의 교체 반복이라는 형식이다. 곧 '창―아니리―창―아니리……'의 형식으로 되어 있다는 것이다. '창'은 노래로 부르는 부분이고, '아니리'는 말로 이야기하듯이 하는 부분이다. 창에서 창자는 화려한 수사를 다양한 음률에 실어 심화된 의미와 정서를 표현하는 데 치중한다. 이때 창자는 등장인물의 정서를 자기 것인 양 표현한다. 예컨대 춘향이가 이별하는 장면을 노래한다면, 창자는 춘향이의 슬픈 마음을 자기 것인 듯이 표현한다는 말이다. 그래서 이 부분에서는 육체적 정서적으로 극심한 긴장이 요구된다. 창이 판소리를 표현하고 감상하는 핵심이기 때문이다. 창 부분의 사설 형식도 노래하기에 알맞게 주로 4·4조의 율문 형태로 되어 있다.

 그런데 창 부분의 이러한 긴장이 언제까지 계속될 수는 없다. 그래서 쉬어 갈 필요가 생기는데, 이 휴식 부분이 바로 말로 이야기하듯이 하는 아니리이다. 아니리는 말로 하기 때문에 평이한 산문으로 된 요약 서술이 대부분이며, 간혹 대사가 포함되기도 한다. 이 부분에서 창자는 호흡을 조절

하고 다음 창을 부를 준비를 갖춘다. 이처럼 창과 아니리가 교체 반복되는 양식을 정서적 측면에서 말할 때는 '긴장과 이완이 반복되는 구조'라고 하기도 한다. 그리고 이 긴장과 이완의 구조는 내용 면에서 엄밀하게 일치하는 것은 아니지만 비장과 골계라는 미적 체험의 반복으로 나타난다고 한다. 비장과 골계는 판소리의 대표적인 미적 범주이기도 하다.[9] 이렇게 보면 판소리 사설은 창과 아니리의 교체 반복 구조에 맞게 율문과 산문, 비장과 골계가 반복되는 형태여야 한다.

다음으로 들 수 있는 판소리 사설의 특징은 대상을 장면화해서 표현한다는 점이다. 예를 들면 〈춘향가〉는 이도령이 광한루로 구경을 나가는 장면, 춘향이 그네를 뛰는 장면, 사랑하는 장면, 이별하는 장면 등의 연결로 구성되어 있다. 그런데 각 장면은 반복과 나열의 기법으로 자세하고 장황하게 묘사하는 반면, 장면과 장면 사이는 간략한 요약 서술로 넘어간다. 사랑에서 이별 장면으로 넘어갈 때, "한 달 두 달, 날이 갈수록 허물은 없어지고 정만 점점 깊이 들어갈 적에, 호사다마로 사또께서는 동부승지(同副承旨), 조선시대 승정원의 정삼품 벼슬 당상(堂上), 정삼품 이상의 벼슬자리에 오름하야 내직(內職)으로 올라가시게 되니, 하릴없이 춘향과 이별이 되는구나"와 같이 서술하는 식이다.

그런데 판소리의 장면화는 특정 장면이나 대목을 최대한 자세히 표현하려는 '극대화'의 경향을 보인다. 이러한 경향은 판소리 사설의 모든 곳에서 발견된다. 이를 '장면극대화 현상'[10]이라고 한다. 예컨대 〈춘향가〉에서 나귀 안장을 짓는 대목을 보면, 나귀 안장 꾸밈새나 이도령의 차림새 등이 시시콜콜한 부분까지 길게 나열된다. 신관사또가 부임하는 신연맞이 대목에서는 행차에 동원된 인물, 이들의 차림새, 악대의 종류, 각종 깃발 등등이 세세하게 묘사된다. 기생 점고 대목에서는 기생 한 명, 한 명을 일일이 다 거명한다. 암행어사가 서울에서 내려오는 대목에서는 서울에서 남원까지의 행로가 자세하게 언급된다. 〈흥보가〉의 놀보 심술 대목에서는 심술이란 심술이 총동원되며, 〈심청가〉 중 뺑덕어미 행실을 묘사하는 데서도 못된 행실이란 행실은 다 나온다. 이렇듯 판소리에는 지나치게 세밀하게 또는 장황하게 나열하는 부분이 많다.

이렇듯 장면화에 치중하다보니 전체적인 일관성은 무시되기 일쑤이다.

창극 〈춘향전〉 중 어사출두 부분. 남원시립국악단 공연

예컨대 춘향이가 처음 이도령을 만나 그의 요구에 응할 때는 기생인 것처럼 행동한다. 물론 이도령도 춘향을 기생으로 보기 때문에 불러올 생각을 한다. 그런데 이별을 완강하게 거부할 때 춘향이는 기생이 아닌 것처럼 행동한다. 변학도의 수청을 거부하는 것도 기생임을 부정하기 때문에 가능하다. 심청이는 분명히 아버지 눈을 뜨게 하기 위해 목숨을 바쳤는데, 나중에 황후가 되어서는 아버지를 만나기 위해 맹인잔치를 연다. 심봉사는 처음에는 점잖은 양반으로 나오는데, 나중에는 매우 속된 인간이 되어 뺑덕어미에게 홀딱 넘어간다. 놀보는 흥보의 형이다. 흥보가 양반이라고 하므로 당연히 놀보도 양반이어야 한다. 그런데 놀보 박 속에서 노인이 나와서는 놀보더러, 놀보 어미 아비가 다 자기 집 종이었다고 한다. 놀보는 이 말에 별다른 항변을 하지 못한다. 한나라 말엽을 배경으로 하고 있는 〈적벽가〉에는 임진왜란이 일어난 16세기 말에 처음으로 등장했던 조총이 나온다. 조조가 처음에는 당당한 영웅의 모습으로 나오지만, 나중에는 목숨을 애걸하고, 병사들에게 놀림감이 되는 희극적인 인물로 바뀐다. 판소리에서 각 장면은 장면의 논리에만 충실하면 되고, 전체적인 일관성은 크게 신경 쓰지 않기 때문에 이런 모순이 발생한다. 이를 '부분의 독자성'[11]이라고 한다. 그래서 판소리에서는 부분이 전체의 구조를 위해 봉사하는 것이 아니라, "사건의 흐름이 부분을 위해 봉사한다"[12]고 한다.

판소리 한 대목 나귀 안장 짓는 데, 〈춘향가〉

아니리

"네 말을 듣더라도 광한루가 제일 좋구나. 광한루 구경 가게 나귀 안장 속히 지어, 사또님 모르시게 삼문[1] 밖에 대령하여라." "예이."

자진모리

방자 분부 듣고 나귀 안장 짓는다. 홍영[2] 자공[3] 산호편[4], 옥안[5] 금천[6] 황금륵[7], 청홍사[8] 고운 굴레 상모[9] 물려 덥벅 달아, 앞뒤 걸쳐 질끈 매, 칭칭 다래[10] 은엽등자[11] 호피돋움[12]이 좋다. 도련님 호사헐 제, 옥골선풍[13] 고운 얼굴 분세수[14] 정히 하여, 긴 머리 곱게 따 갑사댕기 드렸네. 성천 통의주[15] 겹저고리, 당모시[16] 상침 바지[17], 외씨 같은 고운 발, 극상세목[18]의 버선 지어 남수갑사[19]로 대님 매,

---

1) 삼문(三門): 대궐이나 관청의 문. 중앙의 큰 문 하나와 좌우에 작은 문 하나씩 세 개로 세워졌다.
2) 홍영(紅纓): 말 가슴에 걸어 안장에 매는 붉은 끈.
3) 자공(紫鞚): 붉은 빛깔의 말굴레.
4) 산호편(珊瑚鞭): 손잡이를 산호로 만든 채찍.
5) 옥안(玉鞍): 옥으로 꾸민 안장.
6) 금천(錦韉): 비단으로 만든 언치. '언치'는 안장 밑에 까는 담요나 방석.
7) 황금륵(黃金勒): 황금빛이 나는 방울과 요령을 달아 꾸민 굴레.
8) 청홍사(青紅絲): 푸른빛 붉은빛의 비단실.
9) 상모(象毛): 기(旗)나 창 따위의 끄트머리에 이삭 모양으로 만들어 다는 붉은 빛깔의 가는 털.
10) 다래: 말 탄 사람의 옷에 흙이 튀지 않도록 말의 안장 양쪽에 가죽 따위로 만들어 늘어뜨린 기구.
11) 은엽등자(銀葉鐙子): 은으로 만든 등자. '등자'는 말안장 양쪽에 달려 있어 말을 탈 때 밟고 오를 수 있게 만든 기구.
12) 호피(虎皮)돋움: 호랑이 가죽으로 만든, 안장 위의 돋움 방석.
13) 옥골선풍(玉骨仙風): 얼굴이 환하고 고결하여 신선과 같은 용모.
14) 분세수(粉洗手): 세수하고 분을 바른다는 뜻으로 깨끗하게 얼굴을 씻는 일을 비유.
15) 성천(成川) 통의주(統衣紬): 평안남도 성천에서 생산되는 병사의 군복을 짓던 옷감.
16) 당모시: 중국산 모시. 폭이 약간 넓고 올이 두꺼움.
17) 상침(上針) 바지: 상침질로 만든 바지. '상침'은 실밥이 겉으로 드러나게 꿰매는 일.
18) 극상세목(極上細木): 아주 올이 가늘고 고운 무명.

진안 모시 통행전[20] 쌍문초[21] 겹동옷[22]에, 청중치막[23]에 도복[24]받쳐 당분합 띠[25] 맸네. 갑사복건[26] 만석당혜[27], 나귀 등 선뜻 올라 뒤를 싸고 앉은 후, 쇄금 당선[28] 좌르르 피어 일광을 가리우니 하릴없는 선동이라. 관도성남[29] 너른 길 기 풍하에[30] 나는 티끌 광풍 좇아 펄펄, 도화점점 붉은 꽃 보보향풍[31] 뚝 떨어져, 쌍 옥제번[32] 네 발굽 걸음걸음이 생향[33]이라. 일단선풍도화색[34] 위절도적표마[35] 가 이 걸음을 당헐쏘냐? 가련인마상광휘[36]요, 만성견자수불애랴?[37] 취과양주귤 만거[38]의 두목지 풍채로구나. 호호거리고[39] 나간다.

19) 남수갑사(藍繡甲紗): 수를 놓은 남색 갑사.
20) 통행전(筒行纏): 행전의 한 가지로 귀가 없고 통이 넓음. '행전(行纏)'은 남자의 홀바지인 고의를 입을 때 가든하게 하기 위해 정강이에 꿰어 무릎 아래에 매는 베 조각.
21) 쌍문초(雙紋綃): 중국에서 나는 고급 비단의 한 가지.
22) 겹동옷: 두 겹으로 만든 동옷. '동옷'은 남자가 입던 저고리.
23) 청(靑)중치막: 푸른 중치막. '중치막은 옛날 상류계급 사람이 나들이할 때 입던 웃옷의 한 가지로 옷소매가 넓고, 길이가 길고, 앞은 두 자락이며 뒤는 한 자락, 옆구리는 터졌음.
24) 도복(道服): 도포. 소매가 넓고 길이가 길며, 뒷자락에 딴 폭을 댄 옛날 선비의 일상적인 예복.
25) 당분합(唐分合) 띠: 당사실로 만들어 허리에 매는 띠.
26) 갑사복건(甲紗幅巾): 갑사로 만들어 도복에 갖추어서 머리에 쓰는 쓰개의 하나.
27) 만석당혜(萬舃唐鞋): 짖은 땅에 오래 서 있어도 물기가 스며들지 않는 가죽 신발.
28) 쇄금당선(灑金唐扇): 금가루를 뿌려서 가공한 당나라 종이인 쇄금지를 붙여 만든 부채.
29) 관도성남(官道城南): 성(城) 남쪽으로 나 있는 국도.
30) 기풍하(起風下)에: 바람이 일어나는 가운데.
31) 보보향풍(步步香風): 걸음을 걸을 때마다 나는 향내.
32) 쌍옥제번(雙玉蹄飜): '말의 쌍말굽이 번쩍인다'는 뜻으로 이태백의 시「자류마紫騮馬」의 한 구절. 말이 힘차게 뛰는 모양을 묘사.
33) 생향(生香): 향기가 남.
34) 일단선풍도화색(一團旋風桃花色): '한 무더기 회오리바람에 복숭아꽃이 피어난다'는 뜻으로 당나라 시인인 잠참(岑參)의 시「위절도적표마衛節度赤驃馬」의 한 구절. 말의 붉은 털빛을 묘사.
35) 위절도적표마(衛節度赤驃馬): 당나라 숙종 때 절도사가 된 위백옥(衛伯玉)과 그가 타던, 털이 붉고 날랜 적표마를 이름.
36) 가련인마상광휘(可憐人馬相光輝): 사람과 말이 서로 어울려 빛나는 모습이 어여쁨.
37) 만성견자수불애(滿城見者誰不愛)랴: 성 안에 가득하게 모여 보는 사람마다 누가 사랑하지 않으랴.
38) 취과양주귤만거(醉過揚州橘滿車): '술에 취하여 양주를 지나니 귤이 수레에 가득하였다'는 뜻으로, 두목지(杜牧之), 중국 당나라 후기의 시인 두목杜牧. 목지牧之는 두목의 자字)가 술에 취하여 양주를 지날 때, 술집 여인들이 그를 보고 반하여 던진 귤이 수레에 가득했다는 고사에서 나온 말.
39) 호호(浩浩)거리고: '큰물이 흐르는 것처럼 거침없이'라는 의미인 듯.

판소리 한 대목 놀보 심술, 〈흥보가〉

아니리

사람마다 오장[1] 육보[2]로되 놀보는 오장이 칠보던 것이었다. 어찌하여 칠보인고 허니, 심술보[3] 하나가 외약[4] 갈비 밑에 장기 궁짝[5]만허게 병부[6] 줌치[7] 찬 듯이 딱 붙어가지고, 이놈의 심술이 사철을 가리지 않고 한도 끝도 없이 나오는디,

자진모리

대장군방[8] 벌목 시키고, 오귀방[9]에다 이사 권키, 삼살방[10] 집지라 허기, 불난 집에 부채질, 아 밴 부인은 배통이 차고, 오대독자 불알 까고, 수절과부는 겁탈허기. 다 큰 큰애기 무함잡고[11], 초라니[12] 보면 딴 낯 짓고[13], 의원 보면 침 도적질, 거

---

1) 오장(五臟): 오장은 간장, 심장, 비장, 폐장, 신장을 가리키나 여기서는 '내장'의 뜻으로 쓰였음.
2) 육보: '육부(六腑)'의 오기. 육부는 한의학에서 담(쓸개), 위, 대장(큰창자), 소장(작은창자), 삼초(위의 윗부분, 위 부근, 배꼽 아랫부분 세 군데), 방광의 여섯 가지 뱃속 기관을 통틀어 가리키는 말.
3) 심술보: 심술이 잔뜩 쌓인 마음, 또는 그런 사람을 이르는 말.
4) 외약: 왼쪽.
5) 장기(將棋) 궁(宮)짝: 장기 놀이에서 임금을 나타내는 가장 큰 장기 말로서, '초(楚)' 자가 파란 글씨로 적혀 있고, '한(漢)' 자가 빨간 글씨로 적혀 있음.
6) 병부(兵符): '발병부(發兵符)'의 준말. 조선시대에 군대를 동원하는 표지로 쓰이던 둥글납작한 나무패로, 한가운데를 쪼개서 한 쪽은 책임자에게 주고 다른 한 쪽은 임금이 갖고 있다가, 군대를 동원할 때 임금이 교서와 함께 그 한 쪽을 내리면, 책임자가 두 쪽을 맞추어본 뒤 그 명령에 따랐다.
7) 줌치: 주머니.
8) 대장군방(大將軍方): 나쁜 방위. 음양설에서 길하거나 흉한 방위를 맡은 여덟 장신 가운데서 흉한 방위를 맡은 장신인 대장군신이 맡은 방위. 이 방위에서 나무를 베면 해를 입는다고 함.
9) 오귀방(五鬼方): 열두 방위를 해와 달과 날짜와 시각에 따라 금, 목, 수, 화, 토의 오행으로 나눈 가운데서 자연의 순리가 상극하여 역행하는 가장 나쁜 방위. 이 방위로 가면 모든 일이 잘 되지 않는다고 함.
10) 삼살방(三煞方): 점술에서 세 가지 불길한 살(겁살, 세살, 재살)이 낀다는 방위.
11) 무함잡고: 모함(謀陷)하고.
12) 초라니: 초란이. 초랭이. 기괴한 여자 모양의 탈을 쓰고, 붉은 저고리 푸른 치마를 입고 긴 대의 깃발을 가지고 다니던 유랑 연예인.

사[14] 보면 소고 도적, 지관[15] 보면은 쇠[16] 감추기. 똥 누는 놈 주잖히고, 꼽사등이는 뒤집어놓고, 앉은뱅이 택견하기, 엎더진 놈 꼭지치기, 닫는 놈 앞장[17] 치고, 뇌점[18] 든 놈 정갱이 훑고[19], 삼거름길[20]에다 허방 파기. 삼신 든 데[21] 개 잡기와 다 된 혼인 바람 넣고, 혼대사[22]에 싸개치기[23], 상여 멘 놈 몽둥이질과 기생 보면 코 물어뜯고, 제주[24] 병에다 가래침 뱉고, 옹기전 팔매치기, 비단전에 물총 놓고, 고추밭에서 말 달리기, 가문 논에 물귀[25] 파고, 장마 논에 물귀 막고, 애호박에다 말뚝 박고, 다 팬 곡식 모[26] 뽑기, 존장[27] 보면 벗질하기[28], 궁반[29] 보면 관[30]을 찢고, 소리허는 데 잔소리허기, 풍류[31]허는 데 나발 불기. 된장그릇에 똥 싸기와, 간장그릇에 오줌 싸기, 우는 애기는 집어뜯고[32], 자는 애기 눈 걸어 벌리고, 남의 제사에 닭 울리기, 면례[33]허는 데 뼈 감추기. 일년 머슴 외상 새경[34] 농사지어

---

13) 딴 낯 짓고: 추파를 던지고.
14) 거사(居士): 조선조 후기의 유랑 배우. 절과 관련을 가지는 것으로 보아 승려에서 파생된 듯.
15) 지관(地官): 풍수설에 따라 집터나 묏자리의 좋고 나쁨을 가려내는 사람.
16) 쇠: 지남철. 나침반.
17) 앞장: '앞정강이'인 듯. '앞정강이'는 아랫다리의 앞부분.
18) 뇌점: 노점(癆漸). 한의학에서 '폐결핵'을 일컫는 말.
19) 정갱이 훑고: 본래 '훑다'가 '붙어 있는 것을 떼기 위하여 다른 물건의 틈에 끼워 잡아당기다'는 뜻이므로, 여기서는 '앞정강이를 막대기나 손바닥에 끼워 잡아당기다'의 뜻.
20) 삼거름길: 삼거릿길.
21) 삼신 든 데: '삼신(三神)'은 민속에서 아기를 점지하고 산모의 아이 낳는 일을 맡아본다는 세 신령. 따라서 '삼신 든 데'는 '출산을 하려고 하는 데'의 의미임.
22) 혼대사(婚大事): 결혼을 하는 큰일.
23) 싸개치기: '싸개질'인 듯. '싸개질'은 여러 사람이 둘러싸고 다투며 승강이질을 하는 것.
24) 제주(祭酒): 제사 지낼 때 쓰는 술.
25) 물귀: 물이 새나가는 구멍.
26) 모: 묘목(苗木). 모종.
27) 존장(尊長): 나이가 많은 어른을 이르는 말. 웃어른.
28) 벗질하기: 나이가 비슷하고 지체가 같은 사람끼리 서로 높임말을 쓰지 않고 허물없이 지내기.
29) 궁반(窮班): 가난한 양반.
30) 관(冠): 모자.
31) 풍류(風流): 전통 실내악의 한 가지로, 정악인 〈영산회상〉을 말함.
32) 집어뜯고: 쥐어뜯고. 꼬집고.

창극 〈흥보전〉에서 놀보와 흥보. 남원시립국악단 공연

서 추수하면 옷을 벗겨 쫓아내기, 봉사 보면 인도허여 개천물에다 집어넣고, 길가는 과객 양반 재울 듯기 붙들었다 해 다 지면 쫓아내기. 이놈 심술이 이러허니 삼강을 아느냐? 오륜을 알겠느냐? 삼강도 모르고, 오륜도 모르는 놈이, 형제 윤긴들[35] 알겠느냐.

판소리 사설에서 장면화와 나열, 반복 등의 방법을 사용하는 것은 특정한 상황과 장면의 정서를 일정 시간 지속시키기 위해서이다. 예컨대 이도령이 나귀를 타고 광한루 구경을 나가는 데서는 이도령의 설레는 마음이

---
33) 면례(緬禮): 이장(移葬). 무덤을 옮기는 일.
34) 새경: 머슴이 주인에게 한 해 동안 일해 준 대가. 곡물이나 현금으로 계산함.
35) 윤긴들: 윤기(倫紀)인들. '윤기'는 사람이 지켜야 할 도리.

표현되는데, 이를 감상하는 청중들의 입장에서 보면 그 느낌이 상당 시간 동안 지속되어야 이도령의 설레는 마음을 충분히 감상할 수 있다. 비슷한 내용으로 적당한 길이가 확보되지 않으면 이 대목의 정서와 느낌을 깊이 있게 음미할 수 없기 때문이다.

또 판소리 사설은 개성적 표현을 지향하지 않고 상투적 표현을 사용한다. 가령 인물을 묘사하는 데 있어서, "얼굴은 관옥冠玉, 남자의 아름다운 얼굴을 비유하는 말이요, 풍채는 두목지요, 문장은 이태백, 필법은 왕희지"와 같은 식이다. 판소리 사설은 개성을 중시하는 현대의 문장 미학과는 아주 다른 미학에 근거하고 있는 것이다. 그런데 판소리 사설에서 상투적 표현을 사용하는 것은 알아보기 쉽게 하기 위해서이다. 이 또한 머뭇거릴 여유 없이 앞으로 나아가기만 하는 '노래'의 특성에서 비롯된다.

판소리 사설에는 고사와 한시가 수없이 인용된다. 그래서 한문이나 중국 역사에 깊은 교양이 없는 사람들은 도대체 무슨 말인지 이해할 수 없는 부분들이 한두 군데가 아니다. 나와 상관없는 고사나 남의 시구를 인용해서 표현하는 방식을 비유법으로는 인유引喩라고 한다. 인유는 남의 경험이나 지식, 역사적 교훈 등을 내 것으로 이용하는 표현 방식이다. 그러니까 인유를 많이 사용하는 것은 그만큼 다른 사람의 경험이나 지식, 혹은 역사적 교훈 등을 많이 이용한다는 뜻이다. 현대적인 시각에서 보면 남의 것을 이용하는 것은 좋은 표현법이 아니다. 그러나 판소리에서는 인유를 제한 없이 사용함으로써, 다양한 사람의 다양한 경험을 표현할 수 있다.

판소리 사설의 표현이 개인의 한계를 벗어나는 것은 인유에서만 보이는 특징이 아니다. 판소리 사설은 한 사람이 감당할 수 없는 내용으로 되어 있다. 판소리 사설에 들어 있는 내용은 각종 한약을 짓는 방법, 침놓는 법, 활 쏘는 법, 전투에서의 전술, 고을 원님이나 장군의 행차, 과거 보는 광경, 서울에서 남원에 이르는 노정, 각종 비단, 온갖 물고기, 매사냥 방법, 온갖 농기구와 가재도구에 관한 것 등으로 이루 말할 수 없이 다양해 우리 삶의 전 부분을 포괄한다. 이런 다양한 내용이 판소리 속에 들어 있는 것은 다양한 사람들이 판소리 제작에 참여해 많은 사람의 지식과 경험이 축적되었기에 가능했던 것이다. 놀보 심술 대목만 보더라도 우리는 그 같은 다양함을 느낄 수 있다.

 이렇게 해서 판소리 사설은 다양한 사람의 경험과 지식을 한곳에 모아 놓음으로써 개인의 경험과 지식의 한계를 벗어나 광범위하고도 심오한 내용을 담게 되었다.

3

득음, 소리를 얻는 세 가지 비밀

득음이란 '소리를 얻는다'는 뜻이다. 그러니까 소리꾼이 되기 위해서는 본래 소리꾼이 가지지 못한 '소리'를 '얻어야' 한다는 것을 의미한다. 왜 그런 과정이 필요한가? 그것은 판소리에서 사용하는 소리가 매우 독특한 소리이기 때문이다. 이 부분이 서양의 성악과 근본적으로 다른 점이다. 성악에서는 맑은 소리를 아름답다고 생각하는데, 판소리에서는 거칠고 목쉰 소리를 아름답다고 한다. 이렇게 보면 성악과 판소리의 미학은 근본에서부터 다르다는 것을 알 수 있다.

목을 흉터투성이로 만들다

 판소리 창자들이 갖추어야 할 요건 중에서 가장 중요한 것은 '득음'이다. 신재효 〈광대가〉에서 말할 때는 세번째로 들고 있지만, 언급한 순서가 중요성의 순서는 아니기 때문이다. 제일 먼저 들고 있는 '인물'은 타고나는 것이어서 후천적인 노력으로 바꿀 수 있는 것이 아니다. 두번째로 들고 있는 '사설'은 일부 소리꾼이 책임을 져야 하지만, 전적으로 감당해야 할 부분은 아니다. 마지막으로 들고 있는 '너름새'는 소리꾼이 스스로 감당해야 할 부분이기는 하지만, 훈련 과정이 특별히 어려운 게 아니다. 또 너름새는 소리꾼의 능력을 좌우할 만한 결정적인 요소도 아니다. 그래서 너름새를 잘 구사하지 못하는 사람도 명창이 될 수 있었다.
 이렇게 보면 아무래도 명창의 구비 요건 중에서 가장 핵심이 되는 요소는 득음이다. 판소리는 음악적 요소가 가장 중요한 예술이고, 또 판소리에서 사용하는 '소리'를 만드는 과정이 길고 험난하기 때문이다. 소리꾼이 훈련을 하는 과정에서 온갖 고초를 겪는 것은 다 이 득음 때문이다.
 득음得音이란 '소리를 얻는다'는 뜻이다. 그러니까 소리꾼이 되기 위해서는 본래 소리꾼이 가지지 못한 '소리'를 '얻어야' 한다는 것을 의미한다. 왜 그런 과정이 필요한가? 그것은 판소리에서 사용하는 소리가 매우 독특한 소리이기 때문이다. 판소리에서 사용하는 목소리는 목쉰 소리이다. 이 부분이 서양의 성악과 근본적으로 다른 점이다. 성악에서는 맑은 소리를 아름답다고 생각하는데, 판소리에서는 거칠고 목쉰 소리를 아름답다고 한다. 이렇게 보면 성악과 판소리의 미학은 근본에서부터 다르다는 것을 알 수 있다.

성악에서 사용하는 맑은 목소리는 공명을 최대로 활용하여 만들어낸 목소리이다. 그래서 서양 성악가들은 주로 두강, 비강, 구강 등의 공명기관을 사용하는 훈련을 한다. 성대에서 나오는 맑은 목소리를 증폭시키는 발성법에 주력한다는 말이다. 그래서 성악에서 사용하는 목소리는 우리가 일상적으로 대화할 때 사용하는 목소리와는 다르다. 공명을 극대화한 인공적인 소리이기 때문이다. 그래서 성악가의 목소리를 일상적으로 말할 때의 것과 노래할 때의 것으로 구분하여 분석해보면 음파의 유형이 다르다. 그런데 소리꾼의 목소리를 음향 분석해보면 소리할 때든 말할 때든 음파의 유형이 같다. 그러니까 판소리를 하는 사람들은 말할 때와 똑같은 발성법으로 노래를 한다는 뜻이다.

판소리는 긴 시간 동안, 여러 사람 앞에서 불러야 하는 노래이다. 여러 사람 앞에서 확성기도 없이 노래를 하려면 큰 음량이 필요하다. 목소리가 커야 한다는 말이다. 큰 목소리로 장시간 노래를 하면 당연히 목은 쉬게 된다. 목이 쉬면 소리가 나지 않는다. 그러면 목이 풀릴 때까지 기다려야 한다. 목감기가 들어 목이 쉬어본 사람들은 잘 알 것이다. 그런데 소리꾼은 오랜 시간 동안 늘 소리를 해야 하는 사람이다. 그러니까 아예 오랜 시간 큰 소리로 노래를 불러도 괜찮도록 성대를 단련해야 한다. 이때 소리꾼이 하는 훈련이 바로 성대를 단련해서 항상 목이 쉰 상태로 만들어버리는 일이다. 그래야 소리를 하다가 목이 쉬어 중단한다든지, 한 차례 소리를 하고 나서 목이 나을 때까지 소리를 하지 않고 쉬어야 하는 일이 없기 때문이다.

성대는 기도氣道, 폐에서 공기가 드나드는 길를 막고 있는 한 쌍의 주름이다. 폐에서 나오는 바람이 두 개의 얇은 주름 사이를 빠져나오면서 주름이 떨어 소리가 난다. 그런데 이 성대에 무리를 가하면 성대에 이상이 생긴다. 성대가 붓기도 하고, 혹이 생기기도 하고 또는 성대가 틀어지기도 한다. 그러면 성문聲門, 양쪽 성대 사이에 있는 좁은 틈이 꽉 닫히지 않기 때문에 폐에서 공기를 내보낼 때 공기가 새는데, 이것이 바로 쉰 목소리가 된다. 그런데 목은 쉬었다가도 그대로 두면 본래 상태로 돌아와버린다. 곧 병이 낫는 것이다. 소리꾼의 수련은 멀쩡한 성대를 영구적인 병적 상태로 만들기 위한 노력에 집중된다. 말하자면 계속 상처를 내서 성대를 흉터투성이로 만드는 것이나 마찬가지이다. 판소리 창자의 성대는 양쪽이 똑같지 않아서 비대칭형을 이루고 있을 뿐만 아니라, 사이가 벌어져 있는 경우가 많다고 한다. 성대에 혹이 나 있는 경우도 있다고 한다. 바로 이런 성대로 소리꾼은 소리를 낸다. 그렇게 되면 비록 소리가 거칠기는 하지만 몇 시간이고 소리를 해도 성대는 항상 그대로인 채 변화가 없다. 그러니까 판소리의 발성 연습은 서양음악에서처럼 두강, 구강, 비강 등의 빈 공간에 소리를 공명시키는 연습이 아니라, 바로 성대를 변화시키는 훈련인 것이다. 판소리에서 사용하는 목쉰 소리는 일단 판소리의 발성법과 공연 조건을 만족시키는 어쩔 수 없는 선택이다.

그런데 판소리에서는 소리 그 자체의 특성을 매우 중요하게 여긴다. 판소리에서 소리는 '성음'이라고 하는데, 여기에는 음고音高를 뜻하는 '청', 음질을 뜻하는 좁은 의미의 '성음聲音', 그리고 발성의 여러 가지 기교를 뜻하는 '목'이 포함된다. 소리꾼이 훈련을 하는 최종 목적은 단지 목쉰 소리를 만드는 데 있는 것이 아니라, 목쉰 소리를 기본으로 해서 판소리에서 가장 이상적이라고 하는 목소리, 곧 성음을 만드는 데 있다.

음의 높이, '청'

'청'은 음의 높이라는 뜻으로 쓰인다. 물론 판소리에서 말하는 '청'이 물리적인 분석을 통해 정교하게 측정된 음의 높이를 말하는 것은 아니다. 다만 소리를 듣고 그 소리가 어느 정도의 높이에 해당되는지, 매우 주관적인 평가를 내린다. '청'은 평성을 중심으로 일곱 가지로 나눈다.

최상성 · 중상성 · 상성 · 평성 · 하성 · 중하성 · 최하성

(높은 소리   ←   중간음   →   낮은 소리)

상성, 하성은 상청, 하청이라고도 한다. 위의 일곱 가지 소리는 객관적 기준을 가지고 나눈 것이 아니기 때문에, 말하는 사람의 주관에 따라 다를 수 있다. 대체로 판소리에서 사용하는 음역은, 목소리가 좋은 경우 2옥타브 반 정도이다. 그러나 음역이 좁다고 해서 명창이 못 되는 것은 아니다. 음역이 넓다는 것은 명창이 되기에 유리한 조건이기는 하지만, 그것이 전부는 아니기 때문이다. 소리꾼 중에는 음역이 좁거나, 고음을 내지 못하면서도 명창이 된 사람들이 얼마든지 있다.

일제강점기에 활동했던 5명창 가운데 한 사람인 정정렬이나 해방 후에 활동했던 박봉술, 정권진 등은 고음을 내지 못해서 넓은 음역의 소리를 하지는 못했지만, 저음으로 갖은 기교를 부리는 아기자기한 창법을 구사하여 명창으로 이름을

정정렬 1876~1938 | 벽소 이영민이 찍은 사진이다.

날린 사람들이다. 그러나 일단 득음의 목적이 넓은 음역의 소리인 것만은 부정할 수 없다.

소리의 맛, '성음'

'성음'은 음질, 곧 소리의 특질을 가리키기도 하는데, 이것이 성음이라는 용어의 가장 기본적인 의미이다. 음질은 비브라토vibrato, 소리 자체가 가지고 있는 미세한 떨림, 성대의 움직임, 공명 기관의 작용에 의해 종합적으로 나타나는 것이기 때문에 수많은 종류의 성음이 있을 수 있다.

판소리의 기본적인 성음은 거칠고 쉰 목소리이다. 그런 목소리를 판소리에서는 '수리성'이라고 한다. '수리'는 '으뜸'이라는 뜻이다. 그렇다면 수리성은 판소리에서 으뜸가는 성음이라는 의미이다. 거친 중에서도 상대적으로 맑은 소리는 '천구성'이라고 해서 가장 좋은 성음으로 친다. 천구성은 수리성에 비해 높고 슬픈 선율의 소리를 표현하기에 알맞다. 남자 소리꾼으로서는 일제강점기에 활동했던 이동백이나 임방울의 성음이 이에 해당한다. 그리고 여자 소리꾼의 목소리는 대부분이 천구성이다. 아무래도 여자들은 거친 소리를 내기가 힘들기 때문이다. 그런데 과거에 비해 현대로 올수록 맑은 소리를 더욱더 선호하는 경향이 있다. 아마도 서양 음악의 영향을 깊이 받아서일 것이다.

천구성이 좋다고 해서 무조건 맑은 소리일수록 좋은 것은 아니다. 너무 맑으면 양성이라고 하는데, 깊이가 없기 때문에 가치 있는 성음으로 치지 않는다. 반대로 수리성에서 너무 거칠어져 답답할 정도로 꽉 막힌 소리 또한 '떡목'이라고 해서 가치 있는 성음으로 치지 않는다. 떡목을 지닌 사람은 높은 소리를 잘 내지 못하는 게 보통이다. 이 네 가지 성음을 순차적으로 정리해보면 다음과 같다.

판소리가 기본적으로 거칠고 탁한 소리에 가치를 부여하고 있기는 하지만 그것만으로는 최상의 조건을 갖추었다고 볼 수 없다. 판소리의 성음은 '곰삭은 소리'[13], 곧 '충분히 삭은 소리'여야 한다고 한다. '삭다'는 김치나 젓갈 따위의 음식물이 익어서 맛이 든다는 말이다. 그렇다면 소리가 삭는다는 말은 무슨 뜻인가? 김치나 젓갈이 삭기 위해서는 오랜 시간 잘 갈무리를 해두어야 한다. 적당한 온도와 습도가 유지되는 가운데 어느 정도 시간이 흐르면 발효가 된다. 충분히 삭게 되면 김치나 젓갈은 자극적인 맛이 사라지고, 삭기 이전에 없던 맛과 향기를 지니게 된다. 판소리를 시작한 지 얼마 되지 않은 사람들의 목소리는 충분히 삭지 않은 목소리이다. 그냥 강하고, 거칠고, 날카롭기만 할 뿐이다. 이런 소리를 '생목'이라고 한다. 소리를 수련한다는 것은 이 생목에 여러 가지 감정을 담아 표현하는 방법을 익힌다는 뜻이기도 하다. 그러다 보면 거칠고 얕았던 소리는 부드럽고 깊은 맛을 지니게 된다. 음식이 발효를 통해 맛과 향기를 갖게 되듯이 목소리도 수련을 통해 온갖 맛과 향기를 지니게 되는 것이다.

임방울 1905~1961

판소리의 맛과 향기를 대표하는 것은 '슬픔'이다. 그러나 충분히 삭은 슬픔은 인간을 깜깜한 절망으로 이끌어가는 슬픔이 아니다. 나를 슬프게 만든 상대에 대한 복수심을 불태우는 그런 분노는 더욱 아니다. 슬픔이면서도 그런 슬픔을 준 대상에 대한 증오와 분노가 다 가신, 그래서 그러한 상대마저도 이제는 용서하고 마음 깊은 곳에서 함께 껴안을 수 있는 너그러움이 깃든 슬픔이다. 이러한 슬픔이 밴 소리를 판소리에서는 '애원성'이라고 하여, 최상의 가치를 부여한다. 일제강점기에 공전의 히트를 기록한 임방울의 〈쑥대머리〉는 바로 이 애원성의 한 극치를 보여준다. 그러나 슬픔 또한 지나치면 '노랑목'이라고 해서 좋지 않게 본다. 결국 판소리에서 얻고자 하는 성음은 거칠면서도 맑고, 그러면서도 또 한편으로는 곰삭은 슬픔이 깃든 그런 소리이다.

판소리 한 대목 쑥대머리, 〈춘향가〉

〈쑥대머리〉는 춘향이가 변학도에게 매를 맞고 옥에 갇혀 이도령을 그리워하면서 유언을 하는 형식으로 된 노래이다. 모진 형벌 끝에 옥에 갇혀 죽음을 대면하는 춘향이의 모습은 일제강점기 나라를 강탈당하고 갖은 핍박을 받던 민족과 동일시되면서 대단한 반향을 불러일으켰다. 판소리 사상 최고의 히트작으로 알려져 있다. 사설은 다음과 같다.

쑥대머리 귀신 형용, 적막옥방[1]의 찬 자리에 생각나는 것이 임뿐이라. "보고지고, 보고지고, 한양 낭군 보고시고. 오리정 징별 후로[2] 일장 수서[3]를 내가 못 봤으니, 부모 봉양 글공부에 겨를이 없어 이러는가? 연이신혼 금슬우지[4] 나를 잊고 이러

---

1) 적막옥방(寂寞獄房): 조용하고 쓸쓸한 감옥의 방.
2) 정별(情別) 후(後)로: 정을 두고 떠난 후로.
3) 일장(一張) 수서(手書): 한 장의 편지.

는가? 계궁 항아 추월같이[5] 번뜻이 숏아서 비치고저. 막왕막래[6] 막혔으니 앵무서[7]를 내가 어이 보며, 전전반측 잠 못 이루니 호접몽[8]을 어이 꿀 수 있나? 손가락의 피를 내어 사정으로[9] 편지허고, 간장의 썩은 눈물로 임의 화상을 그려볼까? 이화일지춘대우에[10] 내 눈물을 뿌렸으면, 야우문령단장성에[11] 임도 나를 생각헐까? 추우오동엽락시에[12] 잎만 떨어져도 임의 생각. 녹수부용채련녀[13]와 제롱망채엽의[14] 뽕 따는 정부[15]들도 낭군 생각은 일반이나, 날보담은 좋은 팔자. 옥문 밖을 못 나가니 뽕을 따고 연 캐겄나? 내가 만일에 임을 못 보고 옥중원혼이 되거드면, 무덤 근처 있는 나무는 상사목[16]이 될 것이요, 무덤 앞에 섰는 돌은 망부석이 될 것이니, 생전사후 이 원한을 알아줄 이가 뉘 있드란 말이냐?" 퍼버리고[17] 앉어 설리 운다.

---

4) 연이신혼(宴爾新婚) 금슬우지(琴瑟友之): 당신은 새로이 결혼을 하여 부부가 금실 좋게 지내는가. '연이신혼'은 『시경』 「패풍邶風」의 「곡풍谷風」에서, '금슬우지'는 『시경』 「주남周南」 「관저關雎」에서 나온 말.
5) 계궁(桂宮) 항아(姮娥) 추월(秋月)같이: 달나라에 있는 선녀 항아의 모습인 가을 달과 같이. '계궁'은 달 속에 있다는 궁전.
6) 막왕막래(莫往莫來): 가지도 않고 오지도 않음.
7) 앵무서(鸚鵡書): 앵무새처럼 서로 뜻과 정이 통하는 글.
8) 호접몽(胡蝶夢): 호랑나비 꿈. 중국의 장자(莊子)가 꿈에 나비가 되어 즐겁게 놀았다는 고사에서 나온 말인데, 여기서는 '사랑하는 이와 함께하는 즐거운 꿈'이라는 의미임.
9) 사정(事情)으로: 지금의 형편과 사정을 적어서.
10) 이화일지춘대우(梨花一枝春帶雨)에: 배꽃 한 가지가 봄비에 젖어 있는 데에.
11) 야우문령단장성(夜雨聞鈴斷腸聲)에: 비 내리는 밤에 들리는, 나의 창자를 끊는 듯한 슬픈 말방울 소리에. 당나라 시인 백거이의 시 「장한가長恨歌」의 한 구절.
12) 추우오동엽락시(秋雨梧桐葉落時)에: 가을비에 오동잎이 떨어질 때.
13) 녹수부용채련녀(綠水芙蓉採蓮女): 연꽃이 피어 있는 푸른 물에서 연을 따는 여인.
14) 제롱망채엽(提籠忘採葉)의: 바구니를 들었으나 (임의 생각에) 뽕잎을 따는 것을 잊은.
15) 정부(征婦): 싸움터에 남편을 보낸 아낙네.
16) 상사목(相思木): 임을 그리워하며 서 있다가 그대로 죽어 나무가 되었다는 전설적인 나무.
17) 퍼버리고: 다리를 아무렇게나 제멋대로 하고.

'목'은 발음 기관을 다양하게 변화시켜가며 내는 여러 가지 소리를 가리키는데, 이를 '목재치'라고도 한다. 음질은 어느 한순간의 소리의 특성을 지칭하는 데 반해서, 목은 소리의 연속적인 변화에 중점을 두고 쓰는 용어이다. 음질이 시간적인 요소를 고려하지 않고 바라보았을 때 드러나는 특성이라면, 목은 시간적인 요소를 포함한 상태에서 바라보았을 때 드러나는 특성인 것이다. 여기서 말하는 변화는 음질에만 국한되는 것은 아니며, 이는 음의 높낮이나 강약 등도 포함한다. 그리고 그 변화는 의도적인 것이며, 변화의 폭이 분명하게 인식할 수 있을 정도로 크다. 이러한 현상은 소리를 떨거나 꺾는 판소리의 독특한 발성법으로부터 발생한다. 이를 흔히 서양 음악의 비브라토와 같은 것으로 보기도 하는데, 이는 잘못이다. 비브라토는 무의식적인 소리의 떨림으로 1초에 6~7회 반복되는 것을 가리킨다. 판소리에서 소리의 떨림은 '다루' 혹은 '타루'라고 하는데, 이는 의식적으로 만드는 소리의 떨림으로 1초에 3~4회 이하로 반복되는 데 그친다. 지나치게 많이 떨리는 소리는 '발발성'이라고 해서 금기로 여긴다. 목 역시 의도적으로 만들어낸 소리인데, 이는 다루보다 변화가 크고 복잡하다는 점이 다루와 다르다.

판소리에서는 이렇게 다양한 방법으로 소리를 변화시켜가면서 발성을 하는데, 이를 어떻게, 얼마나 구사할 수 있느냐 하는 능력이 명창의 중요한 조건이 된다. 그래서 소리꾼들은 소리에서 보다 다양하게 떨거나 꺾는 방법을 구사하기 위해 노력을 아끼지 않는다. 이와 관련된 판소리 용어로

'표정목' 혹은 '표목'이라는 것이 있는데, 이는 개인 혹은 동일 계보에 속하는 집단이 가지고 있는 독특한 소리의 변화 형태를 가리키는 말이다. 표정목을 통해서 개인이나 어떤 계보에 속하는 소리의 특성이 드러나기도 한다. 소리만 듣고도 그 소리꾼을 알아내는 것은 이 표정목이 있기 때문에 가능하다. 명창이라면 당연히 자기만의 독특한 목이 있어야 하며, 이를 위해 소리꾼들은 피나는 수련을 쌓기도 하고, 여러 선생을 찾아다니기도 한다. 명창이 되기 위해서는 많은 사람에게 배워야 한다는 말을 자주 들을 수 있는데, 이는 많은 사람에게 독특한 목을 배워 목이 다양해야 명창이 될 수 있기 때문이다. 실제 현대 최고의 명창이었던 임방울이나 김연수는 여러 사람에게 배워 다양한 목을 구사할 수 있었기 때문에 대명창으로 대접받을 수 있었다. 따라서 이러한 '목'들을 일일이 들자면 끝이 없을 것이다. 엄격하게 본다면 사람마다 다 다른 목을 지니고 있을 것이기 때문이다.

김연수 1907~1974 | 초대 국립국극단 단장. 국립국극단은 국립창극단의 전신이다.

지금까지 살펴본 것처럼, 소리꾼의 득음 과정은 결코 녹록지 않다. 득음이란 우선 판소리에서 최상의 것으로 치는 음색을 얻는 일이다. 그리고 고음과 저음을 자유자재로 낼 수 있어야 하는 것은 물론이고, 발성 기교인 다양한 목을 다 익혀야 한다. 그렇다고 다 끝나는 것이 아니다. 여기까지는 그저 좋은 목소리와 발성의 기교를 익히는 데 불과하다. 그것만 가지고 훌륭한 가수가 될 수 없음은 물론이다. 그 이상의 것이 요구된다. 이러한 여러 가지 기교와 음색을 소리의 내용에 맞게 적재적소에서 제대로 구사해야만 한다. 여러 가지 감정 표현도 잘해야만 한다. 그렇게 해서 결국은 판소리를 잘 부를 수 있는 조건을 다 갖춘 상태를 득음이라고 할 수 있다. 그래서 득음이 어렵다고 하는 것이다.

키워드 속 키워드 2

다양한 목

진봉규는 성음과 목을 합쳐 무려 쉰세 가지를 들고 있는데, 그중에서 성음을 빼고 목만을 정리해보면 다음과 같다. 그러나 목의 명칭과 설명이 거의 다 비유로 되어 있어서 정확하게 어떤 소리를 의미하는지 파악하기는 힘들다. 이 목록을 통해 판소리에서 사용하는 목이 매우 다양하다는 것은 분명하게 알 수 있을 것이다.[14]

1) 아귀성: 목청을 좌우로 젖혀가면서 힘차게 내는 소리
2) 푸는목: 성음을 느긋하게 스르르 푸는 목소리
3) 감는목: 서서히 몰아들이는 목소리
4) 찍는목: 소리의 어떤 요점에 맛이 있게 찍어내는 목소리
5) 떼는목: 소리를 하다가 어느 경우에 맞어서 꼭 잘라 떼는 목소리
6) 마는목: 느린 목소리를 차차 빨리 돌려 차근차근 말아들이는 목소리
7) 미는목: 소리를 당기다가 다시 놓아 밀어주는 목소리
8) 방울목: 궁글궁글 구을려 내는 목소리
9) 끊는목: 예민하고 날카롭게 맺어 끊는 목소리
10) 엮는목: 사뿐사뿐 아주 멋있게 엮어내는 목소리
11) 다는목: 떼지 않고 달아붙이며 하는 목소리
12) 깎는목: 소리를 하다가 모가 있게 깎아내는 목소리
13) 짜는목: 평범하게 소리를 하다가 쥐어짜서 맛있게 내는 목소리

14) 찌른목: 최상성을 내어 높이 찔러 내는 목소리

15) 파는목: 아래로 깊이 파서 들어가는 목소리

16) 흝는목: 소리를 무덕무덕 넣어서 흝는 소리

17) 조으는목: 목소리를 맺어 떼려고 바싹 조아들이는 목소리

18) 너는목: 소리를 쭉쭉 뻗어 널어놓는 목소리

19) 줍는목: 차근차근 주워담는 목소리

20) 튀는목: 소리를 평성으로 하다가 위로 튀어나오는 목소리

21) 뽑스린목: 평탄하게 나가다가 휘잡아 뽑아올리는 목소리

22) 엎는목: 소리를 바로 하여 나가다가 한 번 엎치어보는 목소리

23) 젖힌목: 평범한 소리로 하던 것을 옆으로 젖히기도 하고, 또는 엎어진 소리를 바로잡아 돌이키는 목소리

4

독공, 소리꾼의 전지훈련

판소리 수련은 우선 스승으로부터 소리를 배우는 것으로 시작한다. 스승을 찾아 배우는 것에서 시작하는 것은 다른 음악도 마찬가지이다. 그런데도 유독 판소리에서 스승에게 배우는 것을 강조하는 이유는 무엇일까? 이는 판소리가 전승예술이기 때문이다. 전승예술에서는 응선 스승으로부터 전승형을 어느 정도 배우는 것부터 시작한다. 그러고 난 다음에야 비로소 소리꾼들은 혼자 집중적으로 훈련하는 기간을 갖는다. 이를 독공이라고 한다. 독공의 일차적인 목표는 물론 득음이다.

소리를 위해 피를 토하다

판소리 수련은 우선 스승으로부터 소리를 배우는 것으로 시작한다. 스승을 찾아 배우는 것에서 시작하는 것은 다른 음악도 마찬가지이다. 그런데도 유독 판소리에서 스승에게 배우는 것을 강조하는 이유는 무엇일까? 이는 판소리가 전승예술이기 때문이다. 전승예술에서는 우선 스승으로부터 전승형을 어느 정도 배우는 것부터 시작한다. 그리고 난 다음에야 비로소 소리꾼들은 혼자 집중적으로 훈련하는 기간을 갖는다. 이를 독공獨功이라고 한다. 독공의 일차적인 목표는 물론 득음이다.

판소리사를 보면 독공에 관한 이야기가 많다. 몇 가지만 들어보자.

동편제 판소리의 시조이자 가왕歌王으로 일컬어지는 송흥록이 소리 공부를 마치고 대구 감영에 가서 소리를 할 때였다. 모든 사람이 명창이라고 칭찬이 자자한데, 오직 명기 맹렬만이 아무런 말이 없었다. 다음날 송흥록이 찾아가 연유를 물으니 아직은 미진한 데가 많아 피를 세 동이는 더 토해야만 비로소 참 명창이 될 것이라고 하였다. 송흥록은 그 길로 고향인 운봉

송흥록의 생가. 전북 남원시 운봉읍 화수리 비전마을

으로 돌아와 목을 얻으려고 폭포 밑에서 다시 공부를 시작했는데, 며칠이 지나자 아예 목이 잠겨서 터지지를 아니하였다. 그렇게 석 달을 고생하던 중에 하루는 목이 근질근질하면서 검붉은 피가 목구멍에서 넘어오는데 거의 세 동이는 되었다. 이어서 목이 터지기 시작하는데, 결국은 폭포 밖으로 소리가 튀어나가게 되었다. 그 뒤에 다시 대구 감영에 가서 소리를 하게 되었는데, 송흥록의 소리를 들은 맹렬은 좌불안석이 되어 어쩔 줄을 모르는 것이었다. 그날 밤 소리가 끝난 후에 맹렬은 보따리를 싸가지고 송흥록과 함께 대구를 탈출하고 말았다. 그래서 맹렬은 송흥록과 같이 살게 되었다고 한다.[15]

염계달은 경기도 여주군 출생으로 충주에서 살았는데, 어릴 때부터 총명하고 노래에 재능이 있어 판소리를 하겠다고 작정을 하고, 충청북도 음성에 있는 벽절이라는 곳으로 소리 공부를 하러 가는 도중에 〈장끼전〉 한 권을 발견하였다. 염계달은 하늘이 나를 돕는 것이라 생각하고 벽절에 가서 10년 동안 공부를 했는데, 밤에는 졸음을 쫓기 위해 늘 상투에 끈을 묶어 천장에 매달고 공부를 했다. 먹을 것이 없어서 절에서 얻어먹다시피 하였고, 옷이 없어 반나체로 출입하기를 다반사로 하였다. 마침내 10년 공부를 마치고 세간에 나오자 단번에 명성을 얻어 일세를 풍미하게 되었다고 한다.[16]

방만춘은 충청도 해미읍 출생이다. 열한 살부터 십여 년간 판소리를 공부하고 스물두 살에 상경하여 이름을 날렸다. 그러다가 다시 뜻한 바 있어 황해도에 있는 절에 들어가서 4년간을 공부하는데, 밤낮으로 소리를 지르니 마침내는 성대가 부어 거의 소리를 못할 지경에까지 이르렀다. 하루는 하도 답답한 나머지 절 기둥을 붙들고 온 힘을 다하여 소리를 질렀으나 목이 터지지 아니하였다. 그러다가 마지막에 한 번 소리를 지르고는 기력이 떨어져서 그 자리에 거꾸러지고 말았다. 때마침 절에 사는 목공이 나무를 하다가 뜻밖에 절이 무너지는 듯한 굉장한 소리가 들리므로 깜짝 놀라 절로 내려와 보니, 중은 다 외출해버리고 방만춘만 홀로 남아 넋을 잃고 앉아 있을 뿐이었다. 방만춘이 소리를 내려고 죽도록 힘을 쓰는 바람에 목이 터

권삼득의 소리굴 | 권삼득이 독공을 했다는 굴로, 전라북도 완주군 용진면에 있는 그의 무덤 근처에 남아 있다.

지면서, 자신도 모르는 가운데 큰 소리가 난 것이었다. 그리하여 마침내 방만춘은 일가를 이루게 되었다고 한다.[17]

이상의 예화는 모두 소리 하기에 좋은 목을 얻기 위해 일정한 기간 동안 장소를 정해 수련하는 과정을 보여준다. 그리고 온갖 고초 끝에 특별한 경험과 함께 목이 터져 명창이 되었다는 내용을 담고 있다.

독공에 관한 이야기는 일정한 유형을 지니고 있다. 먼저, 독공에 들어가는 사람은 초보자가 아니라 어느 정도 판소리를 익힌 사람이다. 앞에서 본 바와 같이 송흥록은 독공에 들어가기 이전에도 명창으로 이름이 높았고,

방만춘은 스물두 살에 상경하여 이름을 이미 날리고 있었다. 그런데도 이들은 보다 훌륭한 소리꾼이 되기 위해 독공을 하기로 하였다. 자신의 소리가 부족하다고 느끼는 순간이 독공을 시작하는 계기가 된다. 송흥록에게는 맹렬이라는 기생을 만난 특별한 사건이 계기가 되었다.

  독공의 장소는 대개 인가에서 멀리 떨어진 절이나 산속, 혹은 폭포이다. 때로는 토굴이 독공의 장소로 선택되기도 한다. 이동백은 자신의 고향 뒷산인 희이산의 굴속에서 독공을 했다고 하는데, 그 굴이 지금도 남아 있다. 권삼득이 독공을 했다는 굴도 전라북도 완주군 용진면 구억리 작약골 자신의 무덤 아래에 남아 있다.

  독공의 과정은 고난의 연속이다. 그러다가 어느 순간에 특별한 경험과 함께 득음의 순간이 찾아온다. 그 특별한 경험은 목이 막혀 있다가 터지는 것으로 묘사되는데, 목에서 피를 쏟고 나서 목이 터지기도 하고, 죽도록 힘을 써 소리를 내지르다가 자신도 모르는 사이에 목이 터지기도 한다. 이렇게 해서 소리꾼은 득음을 하고, 명창으로 이름을 날리게 된다.

독공의 장소

  그런데 독공의 장소는 왜 외딴곳으로 하며, 그중에서도 왜 절이나 폭포가 특별히 독공의 장소로 자주 선택되는가? 외딴곳으로 장소를 정하는 것은, 일상으로부터 벗어나기 위한 목적이 가장 큰 것으로 보인다. 독공을 하려면 장시간에 걸쳐 집중적으로 훈련해야 하기 때문이다. 아무래도 집 근처에 있으면 일상에 얽매여 집중적인 훈련을 하기 어렵다. 또 판소리 수련은 전력을 다해 큰 소리로 노래를 부르는 것이어서 주위 사람들에게 피해를 준다. 그래서 외딴곳을 택하는 것이다. 절이 많이 선택되는 이유는 인가에서 멀리 떨어져 있으면서도 의식주를 해결하기 쉽기 때문이다.

폭포에서 수련을 했다는 이야기도 더러 있는데, 득음을 하면 소리가 폭포수를 뚫고 나온다고 믿었기 때문이다. 그런데 이는 과학적인 근거가 있다.[18] 소리를 그래프로 나타낸 다음 도표를 보자. 도표(1)은 보통 사람의

지리산 구룡폭포 | 전라북도 남원시 주천면에 있다. 이곳에서 많은 명창이 소리를 수련했다고 한다.

목소리이다. 도표(2)는 판소리 창자의 목소리이다. 이 그래프에서 가로축은 주파수를 나타내며, 오른쪽으로 갈수록 높은 음이다. 세로축은 강도를 나타내며, 위로 갈수록 강한 소리이다. 모든 소리는 수많은 주파수 대역의 소리가 모여서 만들어진다. 그런데 보통 사람의 목소리는 (1)처럼 저주파 대역에 돌기가 하나 있으며, 반비례 곡선을 그린다. 판소리 창자의 목소리인 (2)를 보면 가운 '가' 부분에 돌기가 여러 개이며, '나' 부분이 (1)에 비해 위로 올라와 있다. 그러니까 음향학적으로 보면 판소리 수련의 핵심은 '가'처럼 저주파 부분에 여러 개의 돌기를 만들고, '나'와 같이 중간 주파수대의 소리를 강화하는 훈련임을 알 수 있다.

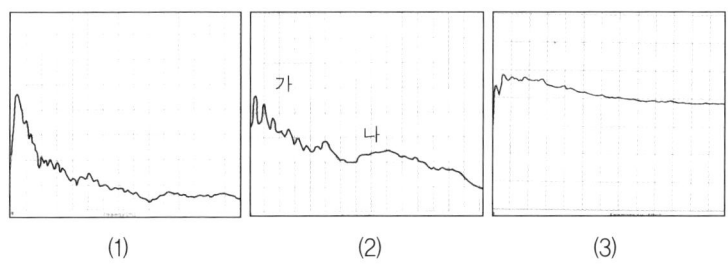

(1) (2) (3)

그런데 폭포 소리는 소리를 내는 음원이 단순하기 때문에 도표(3)과 같이 그래프가 거의 수평축과 평행을 이룬다. 곧 높은 주파수대의 소리와 낮은 주파수대의 소리의 강도가 거의 같다는 것이다. 그렇기 때문에 판소리 창자가 훈련을 통해 (2)와 같은 소리를 낼 수 있게 되면, '가'의 여러 개의 돌기가 있는 부분이 폭포 소리보다 강해서 밖으로 튀어나가게 된다고 한다. 판소리 창자들이 이러한 음향학적 원리를 알고 수련한 것은 아니겠지만, 오랜 경험을 통해서 소리가 폭포수를 뚫고 나갈 수 있음을 알았고, 그때를 득음을 가늠하는 순간으로 생각했던 것으로 보인다. 그래서 이들은 폭포를 수련 장소로 택했던 것이다.

득음의 순간

득음은 결정적 사건과 함께 오는데, 힘을 다 써서 기진한다든가, 목에서 피가 넘어온다든가 하는 사건을 계기로 득음을 이루었다고 한다. 이때의 목소리는 대개 사람들을 깜짝 놀라게 할 만큼 큰 목소리로 표현된다. 그런데 이러한 표현은 사실 과장된 것이다. 성대에 무리를 주면 성대는 붓고, 나중에는 터져서 피가 날 수도 있다. 가끔 목감기가 심하게 들어본 사람들은 목에서 피가 나오는 경험을 했을 것이다. 그때 나오는 피는 가래에 피가 묻어 있는 정도에 그친다. 설령 핏덩이가 넘어온다고 해도 그 양은 많지 않을 것이다. 피를 세 동이나 쏟는다면 사람은 죽고 만다. 인간의 몸에 있는 피가 세 동이나 될 리도 없다. 그러므로 이는 득음의 결정적인 순간을 과장해서 극적으로 표현한 것에 불과하다.

명창 최승희는 다음과 같은 이야기를 해주었다. 여러 사람이 함께 소리

공부를 하러 갔다고 한다. 그런데 어느 날 한 여자가 피를 울컥울컥 토했다. 사람들은 목에서 넘어오는 피를 보고 그 여자가 득음했는가보다, 라고 생각했다. 그런데 얼마 후에 그 여자는 죽고 말았다. 여자는 득음을 한 것이 아니라, 폐병을 앓았다는 것이다.

그러면 득음의 순간을 왜 그렇게 극적으로 표현하는가? 득음의 과정이 그만큼 어렵고 힘든 과정이기 때문이다. 박동진의 이야기[19]는 득음을 위해 수련하는 과정이 얼마나 힘든지를 잘 보여준다.

박동진은 처음에 소리를 어느 정도 익힌 후에 기생들의 소리선생 노릇을 해서 먹고살았다고 한다. 일제 말기 어려운 때라서 특별히 할 일도 없었다. 기생들과 자주 접촉하다보니 여색에 깊이 빠져버렸다. 그러자 소리가 점점 가라앉더니 마침내 꽉 막혀버리고 말았다. 박동진은 깊은 절망에 빠졌다. 이런 상황에 빠진 것이 모두 자신의 방탕한 생활 때문이라고 생각한 그는 자신의 성기에 쑥뜸을 하였다. 성불구가 되더라도 잃어버린 목만 찾을 수 있다면 아까울 게 없다고 생각했다. 그러나 쑥뜸은 아무 소용이 없었다. 다시 독약을 먹었다. 그런데도 죽지 않았다. 그때 생각해낸 것이 백일독공이었다. 고향 마을 뒷산에 있던 빈 절을 찾아갔다. 움막을 치고 소리를 시작했다. 하루에 열여덟 시간씩의 혹독한 훈련이 시작되었다. 잠도 제대로 못 자고 소리에 매달리다보니 이빨이 다 솟고, 손마디가 늘어지고, 전신이 부어오르고, 눈이 흐려지고, 자기가 질러대는 소리조차 들리지 않게 되었다. 박동진은 이 순간을 다음과 같이 말했다.

박동진 1916~2003

    북채를 쥐고 주삐채북 대신 두드리는 나무로 된 물건를 두드리던 팔은 어깻죽지가 아파 더 이상 들어올릴 수가 없었다. 그는 새끼줄에 팔을 묶어 머리 위 이엉을 엮은 나뭇가지에 매달았다. 한 손을 묶어두고 다른 손으로 다시 북채를 잡고 장단을 두드리며 소리를 하는데, 목소리가 쉬어 밖으로 튀어나오지를 않았다.

    결국에는 먹고 마실 수도 없게 되고, 잠도 앉은 채로 잠깐 눈만 붙일 뿐이었으니, 눈이 떠지지를 않아 밤인지 낮인지 분간할 수 없을 정도였다. 혀는 종잇장처럼 하얗게 말라붙었고, 몸은 꿈쩍을 할 수가 없었다.[20]

이때 아버지가 찾아왔다. 박동진의 아버지는 거의 죽게 된 자식을 보고 움막을 내려가자고 했다. 그러나 그는 거절했다. 그러고는 이런 때 쓰는 최고의 비방이라는 똥물을 구해달라고 부탁했다. 똥물이라고는 하지만 아무것이나 쓰는 것은 아니고, 병 주둥이를 베나 솔잎으로 막거나, 대나무 마디를 잘라 무거운 돌을 달아 인분통에 넣어두었다가 고이는 것을 사용한다. 급할 때는 인분통을 막대기로 휘휘 저어 밑에서 올라오는 맑은 물을 사용하기도 한다. 박동진은 아버지가 구해온 똥물을 먹고 쓰러져 잠이 들었다. 하루 종일을 자고 황혼이 되어 깨어나 다시 소리를 할 생각으로 북채를 드니, 팔이 쑥 올라갔다. 눈도 환해지고, 부기도 다 빠져 있었다. 밤새 소리를 질러도 날아갈 듯 몸이 가벼웠다. 실목실처럼 가느다랗게 나는 소리로 살아난 목소리도 차차 살이 오르면서 그윽하고 맑은 향기를 더해갔다. 그렇게 백일을 지내고 움막을 내려왔다. 이렇게 해서 박동진은 잃어버린 목을 되찾아 소리를 계속할 수 있었다고 한다.

이 이야기는 소설로 쓰인 것이기는 하지만 박동진의 구술을 바탕으로 한 것이다. 박동진은 생전에 필자에게도 똥물 먹은 이야기를 한 바 있다. 다른 소리꾼들로부터도 똥물을 먹었다는 이야기를 들은 적이 있다. 밤낮으로 무리해서 소리를 지르다보면 온몸이 붓고, 목이 잠긴다는 것은 누구나 다 수긍한다. 이때 정말로 똥물이 효험이 있는지는 알 수 없다. 요즈음은 똥물을 먹으면서 수련을 하는 사람들을 보지 못했다. 그러나 이런 이야기를 통해서 소리꾼의 독공 과정이 얼마나 힘든 과정인가는 충분히 짐작할 수 있다.

소리꾼의 독공을 대표하는 것이 '백일공부'이다. 백일공부란 백일을 작정하고 산속에 들어가서 집중적으로 훈련하는 것을 말한다. 대개는 5월 단오에 들어가서 8월 추석에 나온다고 한다. 그러면 딱 백일이다. 이는 여름 한철에 해당하는 기간이기도 하다. 이때를 택하는 것은 여름철이 훨씬 지내기가 쉽기 때문이라고 한다. 겨울에는 추위 때문에 아무래도 독공을 하기가 쉽지 않다. 특별히 백일 동안 훈련을 하는 것은 아마도 백이 지닌 '완전하다'는 의미 때문이 아닐까 생각된다. 그런데 백일을 채우기가 보통

오정숙 1935~2008

어려운 게 아니라고 한다. 그동안 건강을 유지하기도 쉽지 않고, 집안이 무사하기도 어렵다. 게다가 독공 과정에서 겪어야 하는 신체적 고통 또한 상상을 초월한다.

    그런데 소리꾼들은 이런 백일공부를 한 차례만 하는 것이 아니다. 한 번에 득음을 할 수 있는 것이 아니기 때문이다. 일제강점기 근대 5명창 중 한 사람인 정정렬은 조금만 소리를 해도 목이 나오지 않아 몇 번이나 자살을 생각할 정도였다. 그러다 보니 독공 기간이 길었다. 정정렬이 독공을 다 마치고 세상에 나온 것은 쉰 살 때였다. 명창 오정숙은 평생 백일공부 열 번을 채우겠다고 늘 말하였다. 물론 오정숙은 열 번을 다 채우지 못하고 고인이 되었지만, 열 번이나 백일공부를 계획한 것은 백일공부가 수련의 마지막이 아니라, 끊임없는 수련의 한 과정이기 때문이다. 실제 아무리 목이 튼튼한 소리꾼도 목이 쉴 때가 있다. 열 시간의 판소리 공연 기록을 가지고 있던 박동진도 가끔 목이 쉬어 소리가 나오지 않는 일이 있을 정도였다. 근세 최고의 명창이라는 임방울도 목이 쉬어 무대에 나왔다가 그냥 인사만 하고 들어간 일도 있었다고 한다. 목은 늘 변한다. 항상 최상의 상태를 유지할 수 있는 것이 아니다. 그럴 때면 소리꾼들은 늘 다시 수련을 한다. 그래서 몇 번이고 백일공부를 해야만 한다.

    그런데 진짜 문제는 독공을 열심히 한다고 해서 그 결과가 늘 성공적이지는 않다는 것이다. 판소리사를 보면 명창이 되기 위해 독공을 하다가 오히려 성대를 버려 소리를 포기한 사람들이 많다. 이런 경우 "목이 부러졌다"고 한다. 김채만은 명창으로 이름을 날린 사람이었으나, 나이가 든 후에는 목이 상해 공연을 하지 못하고 광주에 살면서 제자를 가르쳤다. 명고수 김득수는 본래 소리꾼이었다. 그러나 중간에 '목이 부러져서' 북을 칠 수밖에 없었다. 명창 박봉술도 '목이 부러진' 사람이다. 그런데도 그는 끝까지 포기하지 않고 암성이라는 발성법을 개발하였다. 가성으로 가느다랗게 고음을 처리하는 발성법이다. 그래서 박봉술의 소리는 답답하다. 고음이 시원하게 나지 않기 때문이다. 그래도 박봉술은 뛰어난 음악성으로 명창 대접을 받았고, 무형문화재로 지정되기도 했다.

독공의 일차적 목표가 득음에 있다면 최종 목표는 자기 나름의 예술 세계를 개척하는 일이다. 모든 예술이 그렇듯이 배운 대로만 해가지고는 최고의 예술가가 될 수 없다. 소리꾼도 마찬가지이다. 판소리가 전승예술인 것은 사실이지만 그렇다고 배운 대로만 해서는 명창이 될 수 없다. 예술가는 창조자에게 붙이는 호칭이다. 그러므로 자기 나름의 창조적인 데가 있어야 한다. 다시 말하면 음악도 사설도 모두 제것으로 개척하여 자기 식의 판소리를 개발해야만 한다. 그렇게 했을 때에야 비로소 최고의 명창이 된다.

임방울은 〈쑥대머리〉로 최고의 인기를 구가하는 소리꾼이 되었다. 그런데 〈쑥대머리〉는 임방울 이전에도 불렸다고 한다. 〈쑥대머리〉가 임방울에 와서 크게 인기를 얻은 것은 임방울이 〈쑥대머리〉를 자기 나름대로 고쳐서 청중들로부터 호응을 받았기 때문이다. 임방울과 숙명의 라이벌이기도 했던 김연수는 배운 대로 하지 않고 판소리 다섯 바탕 모두를 자기 나름대로 고쳐 부른 것으로 유명하다. 새롭게 고쳐서 예전 소리와 달라지게 되면 사람들은 그 소리를 다른 '바디'라고 부른다. 예컨대 김연수는 유성준에게 〈수궁가〉를 배웠지만 나중에 이를 자기 나름대로 많이 고쳐 불렀다. 그래서 김연수의 〈수궁가〉는 유성준 바디라 하지 않고 김연수 바디라고 부른다.

그러니까 결국 독공의 최종 목표는 자기만의 독특한 바디를 만드는 것이다. 바꾸어 말하면 자신의 이름이 붙은 바디를 가진 사람이 진정한 명창이고, 진정한 명창이 되는 것이 독공의 최종 목표라고 할 수 있다.

5

춤 같고
연기 같은
발림과
너름새

판소리에서는 무대에 등장하는 사람이 배우가 아니라 소리꾼이다. 배우가 아니기 때문에 등장인물이 될 필요도, 그리고 그렇게 될 수도 없다. 소리꾼은 '이야기를 하는 사람'이기 때문이다. 물론 판소리 창자는 공연 중에 이도령 역할도 하고, 춘향이 역할도 한다. 그렇지만 그것은 이도령과 춘향의 이야기를 전달하는 입장에서 보다 사실적인 느낌을 주기 위해 실제와 비슷한 흉내를 낼 뿐이지 실제로 같은 행동을 하는 것은 아니다.

발림과 너름새

신재효가 판소리 창자가 갖추어야 할 네번째 조건으로 든 것은 너름새이다. 너름새는 판소리에서 창자들이 소리를 하면서 하는 신체적 표현 동작을 가리킨다. 그런데 판소리에서는 너름새와 같은 의미로 발림과 사체라는 말을 사용하기도 한다. 사체라는 용어는 판소리계에서 널리 사용되지는 않고, 보성소리[21]를 하는 사람들 사이에서만 쓰인다. 보성소리에서는 사체를 너름새와 같은 의미로 사용한다고 한다. 그러나 사체라는 말은 특별한 판소리의 한 분파에서만 사용하기 때문에 정식 판소리 용어로 보기는 어렵다. 다만 너름새 대신에 사체라는 말을 사용하기도 한다는 것을 기억할 필요는 있다.

발림과 너름새의 차이는 무엇인가? 발림의 어원은 '덧붙이거나 꾸미기 위해 풀이나 화장품 등을 문질러서 묻힌다'는 뜻을 지닌, '바르다' 혹은 '바르다'라고 한다. 여기서 꾸며서 보이는 표현 동작을 뜻하는 '발림'이란 말이 생겨났다는 것이다. 한편 '너름새'는 '너르다'에서 왔다고 한다. '너르다'가 폭넓은 행위나 이를 가능하게 하는 능력의 펼침을 가리키는 말이기 때문이라고 한다.[22] 그런데 이와 같은 어원만을 가지고는 발림과 너름새의 차이를 구별할 수가 없다.

'발림'이란 말은 신재효가 정리한 사설집의 〈박타령홍보가〉과 〈변강쇠가〉에 두 차례 쓰이고 있다.

사당의 절차대로 연계사당나이 어린 사당 먼저 나서 발림을 곱게 하고, "산천초목이 성림盛林한데 구경가기 즐겁도다. 어여여, 장송은 낙락, 기러기 훨훨, 낙락장송이 다 떨어진다. 성황당 어리궁뻐꾸기의 울음소리를 흉내낸 말 뻐꾸기야, 이 산으로 가며 어리궁 뻐꾹, 저 산으로 가며 어리궁 뻐꾹."[23]

사당패는 조선 후기에 생긴 유랑 연예인 패로, 절에 근거지를 두었으며, 여자만으로 구성돼 있었다. 이들은 노래와 춤을 공연 종목으로 삼고, 흔히 남자만으로 구성된 거사패와 함께 다니며 매음도 했던 조직이다. 이들이 부르던 노래는 민요 중에서도 전문인들의 민요인 잡가였다. 민요는 대부분이 서정적인 내용으로 되어 있다. 판소리와 같은 서사, 곧 이야기가 아니다. 서정에는 이야기가 없기 때문에 특정한 정서가 펼쳐질 뿐 구체적인 행동이 없다. 그러니까 이들이 하는 발림이란 구체적인 행동의 모방일 수가 없다. 따라서 여기서 말하는 발림은 노래를 하면서 하는 춤동작인 것이다. 위 인용문에 보면 발림을 먼저 하고 노래를 나중에 부르는 것으로 되어 있다. 노래할 때는 발림을 하지 않는다는 것이 아니라, 노래를 부르기

전에 발림부터 시작한다는 것이다. 한참 발림을 하다가 노래를 시작하고, 노래를 부르는 중에도 발림은 계속된다고 보아야 한다. 이렇게 보면 발림이란 노래를 부를 때 하는 춤동작을 뜻한다.

   신재효는 판소리와 관련해서는 너름새라는 용어를 사용했다. 그런데 너름새를 설명하는 내용이 발림과는 사뭇 다르다. 신재효는 너름새에 대해 "귀성 끼고, 맵시 있고, 경각의 천태만상 위선위귀 천변만화, 좌상의 풍류호걸, 구경하는 남녀노소 울게 하고 웃게 하는 이 귀성 이 맵시"라고 했다. 이 표현을 보면 너름새는 단순한 춤동작만을 가리키지 않는다는 것을 알 수 있다. 춤만으로는 순식간에 신선이 되었다가, 귀신이 되기도 하는 등 다양한 변화를 보여주고, 구경하는 사람들을 울게 하고, 웃게 할 수는 없기 때문이다. 이렇게 보면 너름새는 보다 연기에 가깝다고 보아야 한다. 그래야 '위선위귀'라는 말을 쓸 수 있을 것이다.

   그렇다면 판소리에서 하는 신체적 표현 동작을 너름새라고 해야 하는가? 최소한 신재효의 경우에는 그렇다. 다음은 신재효의 사랑에서 판소리를 가르치는 사범 노릇을 하면서 신재효로부터 이론적인 지도를 받았다는 김세종의 말이다.

창극조(판소리)는 물론 창을 주체로 하여 그 짜임새와 말씨를 놓는 것(부침새)과 창의 억양반복, 고저장단에 규율을 맞게 해야 한다. 그러나 형용동작을 등한히 하면 아니 된다. 말하자면 창극인 만큼 극에 대한 의의를 잃어서는 아니 된다. 가령 울음을 울 때에는 실제로 수건으로 낯을 가리고 엎드려 울든지, 방성통곡으로 울든지 그때그때 경우를 따라서 여실히 우는 동작을 표시하여야 한다.[24]

이 말을 김세종이 직접 했다고 보기는 어렵다. 이 말이 1940년에 나온 『조선창극사』에 있기 때문이다. 다만 이 책을 쓸 당시, 그러니까 1940년경의 시각으로 김세종을 재해석하면서 정노식이 한 말이라고 볼 수는 있다. 우선 판소리를 "창극조"라고 한 것은 창극의 양식이 일단 완성되어 한창 인기를 끌 시기인 1930년대 말의 판소리관을 대표하는 것으로 보인다. 그렇기는 하지만 신재효가 남긴 〈광대가〉의 내용을 볼 때 그의 영향을 받은 김세종이 이런 주장을 했다는 것은 충분히 납득할 만하다. 이 주장의 핵심은 형용동작을 "여실히" 해야 한다는 점이다. 곧 사실과 같이 해야 한다는 것이다. 그렇다면 이는 연기에 가깝다.

김연수 또한 사실적인 연기를 강조했다. 김연수는 판소리 사설을 배역에 따라 전부 다시 정리하였다. 해설에 해당하는 부분은 '효과'로 처리

정노식, 『조선창극사』

했다. 그는 서양식 교육을 받은 사람이었고, 평생 동안 창극에 몰두하였다. 그러다 보니 김연수와 그의 제자인 오정숙은 가장 사실적인 연기에 가까운 너름새를 하였다.

그런데 판소리에서 하는 신체적 표현은 일률적이지 않다. 판소리 창자에 따라 판소리에서 하는 신체적 표현의 내용은 다르다. 김소희 같은 사람이 주장하는 것은 발림이다.

【김소희】 저는 어렸을 때부터 말뚝같이 우뚝허니 서서 팔만 이렇게 내미는 것은 절대로 안 한다고 배웠어요. 그 대신 팔을 한 번 내리면 다리가 먼저 반드시 떼집니다. 떼어놓고, 그러고 나서 팔이 따라가거든요.
【이보형】 춤과 같군요.
【김소희】 무용을 기초로 할 줄 알아야 판소리하는 사람의 발림이 더 능숙하고 멋있습니다.
【이보형】 특히 남자들이 춤사위를 응용하지 않고 발림을 그냥 하는 경우가 있죠. 마당놀이 때처럼 발을 동당거리며 이리 뛰고 저리 뛰는 사람도 있는데, 그것은 어떻게 생각하세요?
【김소희】 말할 필요도 없죠. (중략) 그리고 춤가락이 반드시 몸에 배야, 다리와 발 떼는 것을 잘해야 발림이 돼요.[25]

김소희나 이보형의 경우에는 판소리의 신체적 표현은 무용 동작을 응용한 것으로 무용을 기초로 해야 함을 강조하고 있다. 이들은 용어도 '발림'을 사용하고 있다.

이렇게 보면 판소리 창자 중에는 신체적 표현을 보다 적극적으로 하여 연기에 접근하는 사람들과 춤사위처럼 동작을 표현하려는 사람들이 있다는 것을 알 수 있다. 그래서 자신이 추구하는 경향에 따라 '너름새'란 용어를 사용하기도 하고, '발림'이란 용어를 쓰기도 한다. 그렇다면 발림과 너름새 중에서 어느 것이 더 적절하냐는 질문은 우문에 불과하다. 그것은 판소리의 신체적 표현에 대한 견해의 차이에 기인하기 때문이다.

그런데 현대에 오면서 판소리의 신체적 표현은 점점 더 사실적인 연기에 접근하는 경향을 보인다. 아무래도 연극이나 영화, TV 드라마 등에서 많은 영향을 받기 때문일 것이다. 그래서 일반적인 용어로 사용할 때는 보다 사실적인 표현을 뜻하는 너름새라는 용어를 사용하는 것이 나을 듯하다.

연기와 너름새

비록 너름새가 사실적인 연기에 근접하는 것이기는 하지만 판소리에서의 너름새는 연기와 다르다. 이 차이를 알아보기 위해 우선 무대 위에 실재하는 배우와 공연자의 차이에 대해 알아보자.

무대에 등장하는 자는 어떤 인격 존재를 대리하거나 대행하는 것도 아니다. 그는 허상을 실상으로 바꾸어서 어떤 인물을 재현한다. 한 나라의 대사는 주권자의 대리인이지만 주권자 그 자체는 아니다. 그는 주권자의 소리를 대여받은 것이다. 이에 반해서 배우는 황제를 재현할 때, 황제 그 사람이다.[26]

그러니까 연극에서 배우는 누구를 대리하는 것이 아니라, 바로 그 등장인물이 되는 것이다. 예컨대 연극에서 춘향 역할을 하는 사람이라면 춘향을 대신하는 사람이 아니라 바로 그가 춘향이다. 그러니까 배우가 하는 연기는 바로 실제와 똑같은 것이어야 한다. 만약에 우는 장면을 연기한다면 실제로 눈물을 흘리며 울어야 한다. 슬픔을 느끼는 것도 마찬가지다.

그런데 판소리에서는 무대에 등장하는 사람이 배우가 아니라 소리꾼이다. 배우가 아니기 때문에 등장인물이 될 필요도, 그리고 그렇게 될 수도 없다. 소리꾼은 '이야기를 하는 사람'이기 때문이다. 물론 판소리 창자는 공연 중에 이도령 역할도 하고, 춘향이 역할도 한다. 그렇지만 그것은 이도령과 춘향의 이야기를 전달하는 입장에서 보다 사실적인 느낌을 주기 위해 실제와 비슷한 흉내를 낼 뿐이지, 실제로 같은 행동을 하는 것은 아니다. 가령 울어도 눈물을 흘리며 소리를 내고 우는 것은 아니다. 울 수도 없다. 만약에 소리를 내어 운다면 소리를 할 수가 없기 때문이다. 그러니까 판소리 속의 소리꾼은 이야기의 효과적인 전달을 위해 일부 사실과 같은 흉내를 내기는 하지만, 그렇다고 서양 연극에서처럼 완전히 등장인물로 화하지는 않는다는 말이다. 연극이라면 춘향이 역할은 춘향이의 성격에 맞는 젊은 여배우가 맡아야 하고, 복장이나 말투 또한 실제 춘향이와 똑같이 해야 한다. 그러니까 머리를 땋고, 한복을 입어야 한다. 그러나 판소리에서의 창자는 그럴 필요가 없다. 남자가 남자 복장을 한 채로 춘향이의 흉내를 낼 수도 있고, 늙은 여자 소리꾼이 본래 소리꾼의 차림새 그대로 이도령의 흉내를 낼 수도 있다. 연극이라면 이런 일이 불가능하다.

민족연극학이란 학문이 있다. 이 학문은 세계 여러 민족의 공연예술을 연구하는 학문인데, 서양의 미학적 기준에 따라 일방적으로 다른 민족의 공연예술을 재단하는 방식이 아니라, 각 민족의 공연예술이 어떠한 위치에 있는가를 그 민족의 입장에서 연구한다. 민족연극학자인 리처드 셰크너는 각 민족의 연극은 배우가 등장인물로 변화하는 정도에 따라 다양하게 나뉜다고 했다. 셰크너가 제시한 기준에 따라 살펴보면, 서양 연극은 배우가 완전히 등장인물로 변화하는 공연예술이다. 그에 반해 판소리는 공연자가 등장인물로 변화하는 정도가 심하지 않은 편에 속한다. 그렇기 때문에 분장을 하지 않는 것이다.

등장인물로 완전히 변해버리지 않기 때문에 행동 또한 실제와 똑같이 하지 않는다. 판소리에서는 여러 가지 제약이 있기 때문에 소리꾼들은 매우 상징적인 표현을 한다. 가령 춘향이가 매를 맞는 장면을 부른다면 손에 들고 있는 부채로 때리는 시늉을 한다. 〈농부가〉를 부른다면 모 심는 동작을 다른 사람이 짐작할 수 있을 정도로만 흉내 내면 된다. 꼭 실제로 손에 모를 들고 직접 심어야 하는 것은 아니다. '높다'는 표현을 할 때면 부채 끝을 높이 드는 동작을 취한다. 아니리로 대화를 표현할 때도 꼭 등장인물과 같은 흉내를 낼 필요가 없다. 예컨대 춘향이의 대화를 표현할 때도 실제와 같이 표현할 수도 있지만, 판소리 아니리의 어조로 그냥 해도 상관이 없다.

결국 현대 판소리는 어느 정도 실제와 같은 행동을 모방해서 표현하려고 하기 때문에 춤동작을 가리키는 발림이란 용어보다는 너름새라는 용어가 더 어울린다. 물론 너름새를 별로 하지 않고 춤동작에 그치는 경우에는 발림이라는 용어를 써도 틀린 것은 아니다. 너름새는 연극에서의 연기에 가까운 면이 있기는 하지만, 실제 행동과 똑같이 표현하는 것은 아니기 때문에 소리꾼의 신체적 행동을 연기라고 할 수는 없다. 의미 내용이 다르기 때문에 굳이 용어를 달리하여 너름새라고 부른다. 그렇지만 판소리에서 신체적 표현 방식과 내용은 바뀔 수 있다. 너름새의 양식도 시대적 변화에 따라, 그리고 소리꾼들의 견해에 따라 바뀔 수 있다. 앞으로 그것이 어떻게 바뀔지는 아무도 예측할 수 없다.

6

좋은 목 나쁜 목, 판소리의 역설

목이 나쁘면 자신의 단점을 극복하기 위해 목소리 외의 다른 방법을 탐구할 수밖에 없다. 정정렬이나 김연수는 그 과정에서 새로운 판소리를 개척했다. 그리고 소리를 갈고닦아서 좋은 목소리에서 느낄 수 없는 깊은 맛을 담았다. 그들은 이른바 공력을 닦은 것이다. 타고난 목을 지녔던 사람의 소리는 생명이 짧고, 목이 나빴던 사람의 소리는 오히려 생명이 길다는 이 역설은 판소리의 특성을 잘 보여준다. 그러고 보면 판소리는 오히려 역경 속에서 빛을 더해가는 예술인지도 모른다.

소리꾼들이 득음을 위해 수많은 고난을 겪는 일은 판소리사에서 흔히 볼 수 있다. 소리꾼은 오로지 소리를 하는 역량으로만 평가되기 때문이다. 신분제가 강고했던 시절, 광대들에게는 훌륭한 소리꾼이 되는 것만이 자신을 실현하는 유일한 방법이기도 했다. 그런데 사람들은 누구나 똑같은 재능을 타고나는 것이 아니어서 숱한 고난을 겪고 나서 득음의 경지에 이른 사람도 있지만, 별다른 고생을 하지 않고 쉽게 명창이 된 사람도 있다. 쉽게 명창이 되었다는 것은 가만히 앉아서 놀고 있다가 갑자기 명창이 되었다는 말은 아니다. 다른 사람들에 비해 노력을 덜 하고도 보다 높은 경지에 이르렀다는 말이다. 그런 사람이 바로 타고난 소리꾼이다.

이화중선: 구름에 달이 떠 있듯 연하고 고운 목소리

우리가 지금 소리의 실체를 들어볼 수 있는 사람 중에서 타고난 성대로 유명한 가장 이른 시기의 인물로는 이화중선을 들 수 있다. 이화중선은 서정주의 시에도 등장한다. 우리 민요에도 "십오야 밝은 달은 구름 속에 놀

이화중선 1898~1943

고요, 명기명창 화중선이는 장구 바람에 논다"는 구절이 있으며, 무슨 일이 잘돼 신이 날 때 "화중선이가 삐종피전Pigeon이라는 담배 이름의 일본식 발음을 물고 나왔네"라고 말할 지경이라면 아마 짐작이 갈 것이다.

이화중선은 소리를 배우기 위해 장득진이라는 무당과 혼인까지 했다. 장득진은 전라북도 순창군 적성면 사람인데, 장득진의 제적除籍에는 이화중선이 첩으로 올라 있다. 이화중선이 대중 앞에 화려하게 등장한 것은 1923년 조선물산장려회 주최로 열린 전국판소리대회에서였다. 경복궁에서 개최된 이 대회에서 이화중선은 〈추월만정〉을 불러 당시 최고의 여창으로 군림하던 배설향을 완전히 압도해버리고, 최고의 스타로 부상했다. 그 대회에서 심사를 맡았던 가선歌仙 박기홍은 〈추월만정〉을 듣고 감격한 나머지 이화중선을 보고, "배설향이 소리계의 여왕이라면, 자네는 정말 여자 중의 선녀"라고 극찬을 아끼지 않았다고 한다. 또 일설에 의하면, 이때 즉석에서 박기홍이 '화중선'이라는 예명을 지어주었다고도 한다.[27]

판소리 한 대목 추월만정, 〈심청가〉

이 대목은 〈심청가〉에서 황후가 된 심청이 아버지를 생각하며, 가을 달빛이 가득 비치는 뜰에서 슬피 탄식하는 대목이다.

진양조

추월은 만정허여[1] 산호 주렴에 비치어 들 제, 청천의 기러기는 월하에 높이 떠서 '뚜루루루루루 끼룩' 울음을 울고 가니, 심황후 기가 막혀 기러기 불러 말을 하되, "오느냐? 저 기럭아. 소중랑 북해상의 편지 전턴 기러기냐?[2] 도화동을 가거들랑 불쌍허신 우리 부친전에 편지 일장 전하여 다오." 방으로 들어와 편지를 쓰랴 헐 적에, 한 자 쓰고 눈물짓고, 두 자 쓰고 한숨을 쉬니, 눈물이 떨어져서 글자가 수묵[3]이 되니, 언어가 오착[4]이로구나. 편지를 써서 들고 기운 없이 일어나서, 문을 열고 나서보니 기러기는 간 곳 없고, 창망[5]한 구름 밖에 별과 달만 두렷이 밝았구나.

이화중선의 소리는 무엇보다 타고난 고운 목소리가 특징이었다. 아무리 어려운 대목이라도, 그리고 아무리 높은 소리일지라도 전혀 힘을 들이지 않고 가볍게 뽑아낼 수 있는 능력을 이화중선은 지니고 있었다. 그래서 그

---

1) 추월(秋月)은 만정(滿庭)허여: 가을 달빛은 정원에 가득하여.
2) 소중랑(蘇中郎) 북해상(北海上)의 편지 전(傳)턴 기러기냐?: 흉노 땅 북해에 잡혀 있던 소중랑의 편지를 전하던 기러기냐? 소중랑은 한무제(漢武帝) 때의 충신으로, 이름은 무(武), 자(字)는 자경(子卿)이다. 벼슬이 중랑장에 이르렀으므로 소중랑이라고 한다. 소무는 흉노에게 사신으로 갔다가 붙잡혀 있었는데, 기러기 발에다 편지를 묶어 날려보내, 자신이 있는 곳을 알려 19년 만에 고향으로 돌아왔다.
3) 수묵(水墨): 빛이 엷은 먹물. 여기서는 글씨에 눈물이 번져 뭉개진 것을 이름.
4) 오착(誤錯): 잘못되어 뒤섞임.
5) 창망(滄茫): 너르고 멀어 아득함.

런지 이화중선의 소리에는 힘이 느껴지지 않는다. 김소희는 이화중선의 소리에 대해, "목소리고 뭐고 구름 위에 달이 떠 있듯이 수월하게 소리했다"고 했다. 김소희는 또 "성대가 워낙 좋아서, 목이 연하고 고우니까 소리를 참 쉽게 했다. 다만 그이의 소리는 조이는 맛이 없다"고도 했다.[28] 결국 이화중선은 목소리가 너무 좋아서 역설적이게도 깊은 맛이 떨어진다는 것이다. 판소리에서는 너무 맑은 목소리는 양성이라고 해서 좋은 목소리로 치지 않는다. 너무 맑은 목소리는 속이 훤히 보이는 물과 같다. 맑은 물에서는 큰 고기가 살 수 없다. 판소리에서 지나치게 맑은 목소리를 기피하는 것은 음질이 너무 단순해서 인생의 깊은 맛을 표현하기 어렵기 때문이다. 흔히 판소리에서 잘하는 여자소리보다 좀 부족한 남자소리가 낫다고 하는 이유도 여기에 있다.

그러나 이화중선의 연하고 고운 목소리는 일제강점기 대중의 슬픈 취향과 잘 맞아떨어졌다. 가는 곳마다 인기를 끌었고, 가는 곳마다 돈을 다 쓸어간다고 할 정도로 그의 공연은 대성공을 거두었다. 그렇지만 아무래도 이화중선은 예술성에서보다는 대중성에서 높이 평가해야 할 소리꾼이다. 이화중선은 1943년 일본 징용자 위안 공연을 갔다가 풍랑을 만나 배가 뒤집히는 바람에 익사하고 말았다.

김소희 1917~1995

김소희: 하늘이 준 목

　김소희는 1917년 전라북도 고창 흥덕에서 출생하여 1995년 별세하였다. 김소희는 열두 살 때부터 송만갑에게 판소리를 배우면서 소리꾼의 길로 들어선 이래 세상을 떠나기까지 최고의 자리에 머물러 있었다. 김소희는 판소리뿐만 아니라 가곡이나 시조, 무용, 가야금에 이르기까지 전통예술은 무불통지하였다. 서예를 배워 국전에서 세 번이나 입선하기까지 했다. 이렇다 보니 국악 관련 상은 언제나 그가 첫번째 주인이었다. 한국국악대상, 춘향문화대상, 동리대상, 방일영국악상의 첫번째 주인공이 바로 김소희였다. 1964년 판소리가 무형문화재로 지정되었을 때 첫번째로 예능 보유자가 되었음은 물론이다.

김소희가 타고난 소리꾼이라는 것은 우선 다른 사람보다 훨씬 빠른 학습 능력을 통해서 확인할 수 있다. 김소희는 늘 말하기를 열세 살부터 판소리를 배우기 시작했다고 했는데, 2년 만인 열다섯 되던 해 1931년에 열린 남원 춘향제 민속예술경연대회에서 1등상을 탈 정도였다. 물론 판소리를 열세 살에 배우기 시작했다고 해서 그전에는 전혀 소리를 할 줄 몰랐다는 말은 아닐 것이다. 당시는 전통음악 외에는 다른 음악이 위세를 떨칠 때가 아니라서 듣고 보는 것 모두 전통 아닌 것이 없을 때였다. 그러므로 사회 문화 속에서 자연스럽게 익힌 것 또한 학습이 아니라고는 하지 못할 것이다. 그렇다고는 해도 판소리는 전문인의 음악이기 때문에 정식으로 배우지 않으면 안 되는 음악인데, 2년 만에 그것도 열다섯이라는 어린 나이에 큰 대회에서 1등상을 탔다는 것은 놀랄 만한 일이 아닐 수 없다. 이때의 일화가 전한다.

김소희는 어린 나이에 남원 춘향제 민속예술경연대회에 참가했다. 이 해에 남원에 춘향 사당이 건립되었는데, 이를 기념하기 위한 명창대회였다. 김소희는 어린 나이임에도 마지막 결선까지 진출했다. 그런데 자기보다 나이가 훨씬 많은 사람과 동점이 되었다. 이럴 때는 나이가 많은 사람에게 상을 주어야 한다는 주장이 제기되었으나, 심사위원들은 논란 끝에 노래를 다시 한 번 더 부르게 하기로 하고, 곡목을 〈육자배기〉로 정했다.

〈육자배기〉는 남도 민요를 대표하는 노래로 고음이 많고 복잡한 기교를 구사해야 하기에 부르기가 매우 까다로운 곡이다. 그런데 김소희는 〈육자배기〉를 완벽하게 불러 선배를 제치고 당당히 1등의 영예를 안았다.[29] 〈육자배기〉를 잘 부른다는 것은 그만큼 김소희의 목소리가 애원하고, 저음과 고음을 자유자재로 오가며, 각종 발성 기교를 잘 구사한다는 뜻이다. 그렇지 않다면 〈육자배기〉를 잘 부를 수 없었을 것이기 때문이다. 게다가 어린 나이에 그런 어려운 노래를 부를 수 있었다는 것은 그가 타고난 소리꾼이었음을 증명한다.

육자배기 한 대목   〈육자배기〉와 〈자진육자배기〉

〈육자배기〉는 〈육자배기〉와 〈자진육자배기〉로 구성되어 있다. 〈육자배기〉 장단은 느린 6박으로 진양조와 같으며, 〈자진육자배기〉는 빠른 9박의 자진육자배기 장단으로 되어 있다. 〈육자배기〉 다음에 〈자진육자배기〉를 이어서 부른다. 민요 형식이기 때문에 여러 개의 절로 구성되어 있다.

〈육자배기〉
거나, 헤.[1]
내 정은 청산이요, 님의 정은 녹수로구나. 녹수야 흘러 내려갈망정 청산이야 변할 리가 있겠느냐. 아마도 녹수가 청산을 못 잊어 빙빙 감고만 도는.[2] 거나, 헤.

거나, 헤.

꿈아, 꿈아. 무정한 꿈아. 오시는 님을 보내는 꿈아. 오시는 님을 보내지를 말고, 잠든 나를 깨워주렴. 언제나 알뜰한 님을 다시 만나 이별 없이 살으란 말. 거나, 헤.

거나, 헤.

연당으[3] 밝은 달 아래 채련허는[4] 아이들아. 십리장강[5] 배를 매고, 물결이 좋다고 자랑을 마라. 그 물에 잠든 용 깨고 보면은 풍파 일까 염려로. 거나, 헤.

〈자진육자배기〉

허 허야. 어 허야. 이히히히히히이 네로구나. 어허 허 어 허으으 어허 허어루 산이로[6]. 거나, 헤.

거나, 헤.

밤 적적 삼경인디 궂은비 오동에 흩날린 제, 적막한 빈방 안에 앉으나 누우나 두루 생각다가, 생각이 지워서[7] 수심이로구나. 수심이 진하여[8] 심중에 붙는 불은 오시난[9] 억수장마라도 막무가내. 거나, 헤.

---

1) 거나, 헤: 육자배기에서 반복적으로 사용하는 감탄어구.
2) 마지막 어미를 생략한 형태인데, 이러한 노래 방식은 시조창에서도 볼 수 있다. 시조에서는 종장 마지막 구절은 부르지 않는다. 그러나 육자배기에서는 뒤에 오는 '거나'와 연결지을 수도 있다.
3) 연당(蓮塘)으: 연당의. 연을 심은 연못의.
4) 채련(採蓮)하는: 연을 캐는.
5) 십리장강(十里長江): 강 폭이 십리나 되는 큰 강. '장강'은 양자강을 가리키기도 함.
6) 산이로: 산이로구나. 별 의미 없는 관용 어구. '산'을 산조, 산유화, 사뇌 등의 '산' 혹은 '사뇌'와 같은 것으로 보아, 이것이 '동방', 곧 우리나라의 노래를 의미하는 것으로 보기도 한다.
7) 생각이 지워서: 생각에 겨워서. 생각하기에 지쳐서.
8) 진(盡)하여: 다하여.
9) 오시난: 오시는.

거나, 헤.
상사가 났구나. 병이 났네. 임이 그리워서 병이 났네. 임 못 보아 상사로 난 병, 임 아니고서 뉘라서 고쳐주리. 침불안석[10]에 잠도 못 자고, 식불감미[11] 밥을 내가 못 먹는디, 연일 굶은 이 내 몸이 피골이 모두 다 상접이 되어, 이제라도 열두 곡[12]에 나 죽어 초혼조[13]라는 새가 되어, 은은한 삼경야으[14] 목의 피를 내여서 슬피 울어, 우리 님 잠든 창전으[15] 가 설리 통곡헐. 거나, 헤.

거나, 헤.
연 걸렸구나. 연이 걸려. 오갈피 상나무에 가[16] 연 걸렸네. 삼척동[17] 남자들아, 연 날려줄. 거나, 헤.

김소희는 생전에 자신이 소리를 하면서 크게 고통을 받은 바는 없다고 하였다.

【이보형】 선생님이 예술적으로 눈을 뜬 건 어느 때라고 생각하세요? 이십대라고 생각되나요?

【김소희】 이십대는 그냥 철없이 목이 잘 나오고, 모두 들으면 좋다 좋다

---

10) 침불안석(寢不安席): 근심 걱정으로 편안히 잠을 이루지 못함.
11) 식불감미(食不甘味): 근심 걱정으로 음식을 먹어도 맛이 없음.
12) 열두 곡: 불명. 혹 '열두 곡(谷)'으로 쓰면 열두 골짜기라는 뜻임.
13) 초혼조: 촉혼조(蜀魂鳥). 두견새의 다른 이름.
14) 삼경야의: 삼경야(三更夜)에. 한밤중에.
15) 창전으: 창전(窓前)에. 창 앞에.
16) 상나무에 가: 향나무에.
17) 삼척동(三尺童): 키가 석 자(약 90센티미터)밖에 안 되는 어린아이.

하니까 그냥 정신없이 부르기만 했지 뭐. 그래서 몰랐어요. "내가 잘했나?" 하고 느낀 것은 마흔을 바라보면서였어요. 이건 이렇게 하면 더 좋을 것 같다는 느낌도 생기고, 또 목에 대한 자신이 있으니까 이것저것 해보면 안 되는 게 없거든요? 예를 들어 경기민요도 되구, 심지어는 왜노래도 되구, 저 서양노래도 되구, 안 되는 게 없어, 목구녕 갖고는. 다른 나라에서는 할 수 없는 그런 예술인 동시에 참 얼마나 어렵고 뼈아프게 갈구 닦아야 한다는 것을 느끼니까 새삼스럽게 좋아지기도 하구, 자꾸 하고 싶기도 하고 그러데요. 중간에 하기 싫어서 혼났어요. 스물일곱, 스물여덟 살 되니까 "이걸 뭣하러 해, 내가. 미쳤지. 글공부를 했으면 대가가 됐을 텐데. 아 이놈의 노래를 내가 뭣하러 배웠는가 모르겠다"고 후회도 많이 했지요.[30]

김소희의 말에 따르면 그는 안 되는 것은 없이 다 잘되는 목을 타고난 것이 분명하다. 김소희 생전에 이보형은 대담에서 김소희에게 독공에 대해 물어본 적이 있다. 그때 김소희는 말하기를, 사람들이 모두 독공을 들어간다고 하기에 그때 선생님으로 모시고 있던 박동실에게 자기도 독공을 해보면 어떠냐고 물었더니, "자네는 하늘이 준 목이니 그럴 필요가 없다"고 해서 독공을 하지 않았다고 했다.[31] 박동실이 독공을 할 필요가 없다고 할 정도로 김소희는 타고난 소리꾼이었다. 그러나 이런 사람은 백에 하나, 아니 천에 하나나 있을까 말까 한 경우에 속한다. 그러면서도 그는 "내가 잘했나?" 하고 느낀 것은 마흔을 바라보면서였다고 했다. 노래는 목소리만 좋아서 되는 것이 아니라는 것을 이 대목에서도 알 수 있다. 판소리에는 다양한 희로애락의 감정이 담겨 있고, 인생의 다양한 국면이 담겨 있다. 이에 대한 이해가 없다면 소리에 깊이가 있을 리 없다. 그래서 인생의 깊이를 어느 정도 알 나이인 마흔이 다 되어서야 비로소 잘하는 것 같은 생각이 들었을 것이다. 타고난 소리꾼이라도 진정으로 깊이 있는 소리를 하기 위해서는 오랜 세월이 필요하다. 판소리는 오랜 시간을 거치면서 숙성되는 예술이다.

임방울: 하늘을 훨훨 날아다니는 소리

타고난 목을 가진 남자 소리꾼으로는 흔히 임방울을 든다. 임방울은 애원하고 시원한 목에다 저음과 고음을 자유자재로 구사하며, 마치 구슬이 굴러가는 듯이 동글고 분명한 다루로 유명하다. 어떤 사람은 임방울의 소리를 "하늘을 훨훨 날아다니는 소리"라고 표현하기도 했다. 그는 1905년 전남 나주지금의 광주광역시 광산구에서 태어나 1961년 별세하였다. 임방울은 스물다섯 되던 해인 1929년 9월에 개최된 조선박람회에 전라남도 응원대중 한 사람으로 상경하여 9월 12일에 경성방송국에 출연하였고, 15일경에 무대 공연으로 데뷔하였다. 그리고 11월에는 레코드를 취입한다. 음반은 1930년 1월에 한 장, 3월에 두 장, 7월에 한 장 순으로 발매하게 되는데,

3월에 두번째로 발매된 음반의 A면에는 단가 〈호남가〉, 뒷면에는 〈쑥대머리〉가 실려 있었다. 이 음반이 판소리사상 최고의 히트를 쳐서 백만 장이 넘게 팔렸다는 바로 그 음반이다. 그래서 〈호남가〉와 〈쑥대머리〉는 임방울을 상징하는 노래가 되었다. 이렇듯 임방울은 단기간에 스타로 탄생하였다. 판소리사상 전례가 없었고, 앞으로도 이런 사람은 나오지 않을 것이다.

그러나 임방울은 그 후에도 계속해서 소리 공부를 한다. 임방울은 데뷔 이후에 유성준을 찾아가 다시 판소리 공부를 하였다. 임방울은 나중에는 유성준으로부터 배운 〈수궁가〉와 〈적벽가〉를 장기로 삼았다. 〈쑥대머리〉와 〈호남가〉는 슬프고 곱기는 하지만 깊이는 없었다. 〈수궁가〉와 〈적벽가〉에 이르러 임방울의 소리는 비로소 깊이를 가질 수 있었다.

판소리 한 대목 〈호남가〉

〈호남가〉는 호남의 지명을 사용해서 만든 노래로, 지명을 이용한 중의법으로 유명하다. 〈호남가〉는 조선 후기의 문신이며 전라감사를 역임했던 이서구가 지었다고도 하고, 신재효가 지었다고도 한다. 신재효의 사설집에 〈호남가〉가 실려 있다.

함평[1]천지 늙은 몸이 광주 고향을 보랴 허고, 제주 어선 빌려 타고 해남으로 건네 갈 적, 흥양[2]의 돋은 해는 보성[3]에 비쳐 있고, 고산[4]의 아침 안개 영암[5]을 둘러 있네. 태인[6]허신 우리 성군 예악[7]을 장흥[8]허니 삼태육경[9]은 순천심[10]이요, 방백수령[11] 진안군[12]이라. 고창성[13]에 높이 앉어 나주[14] 풍경 바라보니, 만장운봉[15]이 높이 솟아 칭칭한[16] 익산[17]이요, 백 리 담양[18] 흐르난 물은 구부구부[19] 만경[20]인데, 용담[21]의 맑은 물은 이 아니 용안처[22]며, 능주[23]의 붉은 꽃은 골골마다 금산[24]이네. 남원[25]에 봄이 들어 각색 화초 무장[26]허니, 나무나무 임실[27]이요, 가지가지 옥과[28]로구나. 풍속은 화순[29]이요, 인심은 함열[30]인디, 기초[31]는 무주[32]허고, 서해는 영광[33]이라. 창평한[34] 좋은 세상 무안[35]을 일 삼으니, 사농공상[36]은 낙안[37]이요, 부자 형제 동복[38]이로구나. 강진의[39] 상고선[40]이 진

---

1) 함평(咸平): 지명. 모두 다 태평하고 평안한.
2) 흥양(興陽): 지명. 떠오르는 태양.
3) 보성(寶城): 지명. 보배로운 성.
4) 고산(高山): 지명. 높은 산.
5) 영암(靈巖): 지명. 신령스러운 바위.
6) 태인(泰仁): 지명. 아주 어진.
7) 예악(禮樂): 예절과 음악.
8) 장흥(長興): 지명. 오래 일으킴.
9) 삼태육경(三台六卿): '삼태'는 영의정, 우의정, 좌의정. '육경'은 이조판서, 호조판서, 예조판서, 병조판서, 형조판서, 공조판서를 아울러 이르는 말.
10) 순천심(順天心): 하늘의 뜻에 따르는 마음. '순천'은 지명.
11) 방백수령(方伯守領): 관찰사와 원님.
12) 진안군(鎭安郡): 지명. '진안'을 '진안(鎭顔)'으로 쓰면, 아주 편안한 얼굴이라는 뜻임.
13) 고창성(高敞城): 지명. 높고 평평한 성.
14) 나주(羅州): 지명. 비단 같은 고을.
15) 만장운봉(萬丈雲峰): 만 길이나 되는 구름에 싸인 높은 산봉우리. '운봉'은 지명.
16) 칭칭한: 층층(層層)한. 층층으로 쌓여 있는.
17) 익산(益山): 지명. 첩첩한 산.
18) 담양(潭陽): 지명. 햇볕 드는 물가.
19) 구부구부: 굽이굽이.
20) 만경(萬頃): 지명. 만 이랑이나 되게 넓은.
21) 용담(龍潭): 지명. 아주 깊은 연못.
22) 용안처(龍安處): '용안'은 지명. 용이 편안하게 쉬는 곳.
23) 능주(綾州): 지명. 비단처럼 아름다운 고을.
24) 금산(錦山): 지명. 비단처럼 아름다운 산.
25) 남원(南原): 지명. 남쪽 언덕. 남쪽 벌판.
26) 무장(茂長): 지명. 무성하게 자람.
27) 임실(任實): 지명. 열매가 열림.

도로 건너갈 적, 금구[41)]에 금을 일어 쌓인 게 금제[42)]로다. 농사허는 옥구[43)] 백성 임피[44)]상군[45)]을 둘러 있고, 정읍에[46)] 정전법[47)]은 납세 인심 순창[48)]허니, 고부[49)] 청청[50)] 양류색[51)]은 광양[52)] 춘색[53)]이 팔도에 왔네. 곡성[54)]에 묻힌 선비 구례[55)]도 허려니와 흥덕[56)]허기를 일 삼으니, 부안제가[57)] 이 아니냐. 우리 호남의 굳은 법성[58)] 전주 백성을 거나리고, 장성[59)]을 널리 쌓고 장수[60)]로만 돌아들어, 여산석[61)]에다가 칼을 갈아 남평루[62)]에다 꽂았으니, 조선에는 삼남[63)]이 으뜸인가. 거드렁거리고[64)] 지내보세.

---

28) 옥과(玉果): 지명. 품질이 좋은 과일.
29) 화순(和順): 지명. 온화하고 순함.
30) 함열(咸悅): 지명. 다 함께 기뻐함.
31) 기초(奇草): 기이한 풀.
32) 무주(茂朱): 지명. 무성하고 고움.
33) 영광(靈光): 지명. 신령스런 광채를 냄. 혹은 그 광채.
34) 창평한: 창평(昌平)한. 나라가 잘되어가고, 세상이 태평함. '창평'은 지명.
35) 무안(務安): 지명. 편안하기를 힘씀.
36) 사농공상(士農工商): 선비, 농부, 기술자, 상인 등 모든 계급의 백성을 봉건시대의 계급관념에 따라 이르는 말.
37) 낙안(樂安): 지명. 즐겁고 편안함.
38) 동복(同福): 지명. 함께 복을 누림.
39) 강진의: 강진(康津)의. 편안한 나루의. '강진'은 지명.
40) 상고선(商賈船): 장사하는 배.
41) 금구(金溝): 지명. 금이 흐르는 시내.
42) 금제: 김제(金堤). 지명. 금의 언덕.
43) 옥구(沃溝): 지명. 비옥한 땅.
44) 임피(臨陂): 지명. '임피'를 '袵被'로 쓰면 치마를 입는다는 뜻.
45) 상군(裳裙): 치마.
46) 정읍에: 정읍(井邑)의. '정읍'은 지명.
47) 정전법(井田法): 중국 은나라와 주나라 때 실시하던 조세제도. 논이나 밭을 정(井) 자 모양으로 아홉 개로 구획하여, 여덟 구역은 각각 사유로 하여 농사를 짓게 하고, 한 구역은 공동 경작하여 나라에 세금으로 바치게 한 법.
48) 순창(淳昌): 지명. 순박하고 착함.
49) 고부(高阜): 지명. 높은 언덕.

정정렬: 떡목으로 판을 막다

그런데 판소리사에는 목이 나빠서 오랫동안 고생을 한 사람이 많다. 정정렬이 아마 대표적인 사람일 것이다. 그는 앞에서도 언급한 바와 같이 성대가 나빠서 쉰 살에야 겨우 서울에 진출할 수 있었다. 정정렬은 엇부침이라고 하는 장단의 기교를 극단까지 추구한 사람이다. 또한 발성에서 변화를 주는 창법을 구사했다. 곧 소리를 평평하게 내지 않고 자꾸 흔들었다. 중간에 음색을 다양하게 바꾸기도 한다. 그래서 그의 소리를 "용틀임하는 소리"라고 한다.

판소리의 내용도 새롭게 고쳤다. 예컨대 〈춘향전〉에서 춘향이와 이도령이 편지를 주고받는다든가, 첫날밤을 춘향이모 몰래 보내고 다음날 아침

---

50) 청청(靑靑): 싱싱하게 푸름.
51) 양류색(楊柳色): 수양버들의 색.
52) 광양(光陽): 지명. 햇빛.
53) 춘색(春色): 봄 빛깔.
54) 곡성(谷城): 지명. 골짜기에 있는 성.
55) 구례(求禮): 지명. 예의를 구함.
56) 흥덕(興德): 지명. 덕을 일으킴.
57) 부안제가(扶安齊家): 편안하기를 도와서 가정을 다스림.
58) 법성(法聖). 지명. '법'성'을 '법'성(法城)'으로 쓰면, 불법(佛法)을 굳고 단단한 성에 비유하여 일컫는 말임.
59) 장성(長城): 지명. 긴 성.
60) 장수(長水): 지명. 긴 물(강).
61) 여산석(礪山石): 여산의 돌. '여' 자가 숫돌 '려(礪)' 자여서 뒤에 돌 '석(石)' 자를 붙인 것임. '여산'은 지명.
62) 남평루(南平樓): 남쪽을 평정한 누대. '남평'은 지명.
63) 삼남(三南): 전라, 경상, 충청도를 아울러 일컫는 말.
64) 거드렁거리고: 거들먹거리면서. 신이 나서 버릇없이 굴면서.

정정렬1876~1938 추모비. 전북 익산시 익산시문화예술회관

들키는 것으로 되어 있다든가, 이별할 때 오리정에 나가 큰길가에서 여러 사람이 보는 가운데 공개적으로 이별을 한다든가 하는 내용이 그것이다. 당시의 사회상을 판소리에 반영한 결과이다. 그래서 그의 〈춘향가〉는 "판을 막아버렸다"는 평가를 받았다. 이보다 좋은 〈춘향가〉는 이제 더 나올 수 없다는 뜻이다.

정정렬은 창극에도 참여하여 우리나라 창극의 모범을 수립했다. 우리나라의 창극은 1935년 조선성악연구회라는 단체가 만들어진 후에 본격적으로 개척되었는데, 이때 창극의 실무를 맡은 사람이 바로 정정렬이다. 그리하여 그는 지금 우리가 보고 있는 창극과 같은 양식을 만들어냈다. 그는 참으로 창조적인 소리꾼이었던 것이다. 그리고 그 창조성의 배경에는 좋지 않은 목의 한계를 극복하기 위한 치열한 노력이 있었다.

정정렬의 목은 고음을 잘 내지 못했다. 고음을 낼 때면 소리가 갈라지고 찢어져서 처참할 지경이다. 거칠기도 이루 말할 수 없다. 그래서 안 좋은 목소리인 '떡목'을 대표하는 목소리로 알려져 있기까지 하다. 그렇지만 그의 소리는 들을수록 맛이 있다. 그 속에 맑은 기운과 슬픈 느낌이 배어 있기 때문이다. 한 판소리 애호가는 필자에게 정정렬의 목소리처럼 아름다운 목소리는 없다고 했다. 물론 그 '아름답다'는 기준은 서양 음악의 기준과는 다르다. 맑고 고운 것만을 아름답다고 생각하는 서양 음악의 미적 기준을 판소리의 기준으로 바꾸어놓으면 정정렬의 목소리는 참으로 아름다운 소리가 될 수 있다.

정정렬이 개척한 판소리는 이후 우리나라 판소리의 방향타가 되었다. 흔히 정정렬은 30년 앞을 내다보고 소리를 했다고 말한다. 그만큼 정정렬이 미래지향적인 소리꾼이었다는 뜻이다. 그런데 정정렬이 추구했던 판소리는 그가 떠난 지 70년이 지난 지금까지도 유효하다. 그의 소리는 지금 들어도 전혀 낯설지 않다. 시대를 앞서가는 소리를 했기 때문이다.

동초 김연수 선생 기념비. 전남 고흥군 고흥읍

김연수: 이면을 그린 소리

　김연수는 늦게 판소리에 입문한 사람이다. 김연수는 1907년 전라남도 고흥군 금산면에서 출생하였다. 서울에서 중동중학을 졸업하고 스물아홉 살 되던 1935년 유성준에게 〈수궁가〉를 배우면서 판소리계에 투신하였다. 그의 목소리는 거친 것으로 유명하다. 하필이면 목소리 좋기로 유명한 임방울과 동시대에 소리를 했기 때문에 김연수의 궂은 목소리는 더 두드러지기도 했다. 그래서 김연수는 임방울과의 일화도 많다.
　한번은 임방울과 김연수가 같이 공연을 하게 되었다고 한다. 그런데 우렁이회를 먹으면 목소리가 잠겨서 소리를 할 수 없다는 말이 있었다. 김연수는 밖에 나가 우렁이회를 사가지고 와서 임방울에게 주며, 우렁이회가 참 맛이 좋으니 드시라고 했다. 아무것도 모르는 임방울은 우렁이회를 맛있게 먹었다. 드디어 공연 시간이 되고 임방울이 소리를 할 차례가 되었다. 김연수는 이제 임방울은 목이 잠겨서 소리를 못할 것이라고 생각했다. 그런데 임방울의 목소리는 아무 거침이 없이 잘 나는 것이었다. 그것을 본 김연수는, "목이 좋은 놈은 우렁이회를 처먹어도 목이 환장하게 잘 나오네 그려"라고 중얼거렸다고 한다.

김연수는 목은 나빴지만 그렇다고 그가 명창이 아니었던 것은 아니다. 명창은 목소리로만 되는 것은 아니기 때문이다. 특히 김연수는 학식이 있는 사람이었기 때문에 사설을 정확하게 정리하였고, 사설에 맞는 음악을 추구하였다. 판소리에서는 '이면을 그린다'는 말이 있는데, 이는 사설에 맞는 음악적 표현을 한다는 말이다. 사설을 잘 아는 김연수는 이면에 맞는 소리를 추구했던 것이다.

또한 그는 한평생 창극에 헌신하여 연극적인 판소리의 모범을 확립하기도 했다. 김연수는 자신이 새로 짠 판소리를 후세에 남겼고, 그 소리는 보성소리와 함께 우리나라를 대표하는 판소리가 되었다. 임방울의 소리가 전승에서 거의 맥이 끊어진 데 비하면 김연수의 소리는 죽어서 더욱 빛을 발하고 있는 것이다.

판소리의 역설

목이 나쁘면 기교나 공력[32]으로 소리를 한다. 판소리를 깊이 이해하는 사람은 그런 소리를 좋아한다. 또 목이 나쁜 사람은 공연보다 제자 양성에 주력하기도 한다. 그래서 제자가 많다. 보성 소리를 우리나라를 대표하는 판소리로 키워낸 정응민도 말년에는 목이 나빠져서 제자 양성에 주력한 결과 지금의 보성소리를 이

정응민 1894~1960

룩했다. 목이 좋아 타고난 소리꾼이란 소리를 들은 사람들의 소리는 전승이 끊어져버린 경우가 많다. 일제강점기 목 좋기로 이름 높았던 김창룡, 이동백, 이화중선의 소리는 지금은 전승되지 않는다. 목이 좋은 사람은 목소리에 의지해 소리를 한다. 목소리가 너무 좋기 때문에 다른 것은 특별히 신경을 쓰지 않아도 된다. 임방울 같은 사람은 아무렇게나 소리를 해도 좋았다고 한다. 그냥 소리를 내면 내는 대로 다 좋았다. 그러니 새로운 영역을 탐구할 필요가 없었을 것이다. 그런가 하면 또 목이 너무 좋은 사람은 제자를 가르치기 어렵다고 한다. 우선 인기가 있어 차분히 앉아 제자를 가

르칠 시간도 없지만, 제자가 아무리 해도 스승을 따라갈 수 없으니 배우기가 어렵다는 것이다. 제자를 두지 못하면 전승예술인 판소리는 전승에서 사라지고 만다.

목이 나쁘면 자신의 단점을 극복하기 위해 목소리 외의 다른 방법을 탐구할 수밖에 없다. 정정렬이나 김연수는 그 과정에서 새로운 판소리를 개척했다. 그리고 소리를 갈고닦아 좋은 목소리에서 느낄 수 없는 깊은 맛을 담았다. 그들은 이른바 공력을 닦은 것이다. 목이 나빴던 정응민의 소리가 현대 판소리의 중추로 성장할 수 있었던 것은 정응민이 소리를 갈고닦아 거기에 오색찬란한 광채를 담았기 때문이다. 타고난 목을 지녔던 사람의 소리는 생명이 짧고, 목이 나빴던 사람의 소리는 오히려 생명이 길다는 이 역설은 판소리의 특성을 잘 보여준다. 그러고 보면 판소리는 오히려 역경 속에서 빛을 더해가는 예술인지도 모른다.

7

명창 이야기

박동진은 자신을 광대로 부르기를 좋아했다. 다른 소리꾼 중에는 광대라는 말에 숨어 있는 부정적 인상 때문에, 자신이 광대로 불리는 것을 싫어하는 사람이 많았다. 그럼에도 그가 굳이 자신을 광대라고 했던 이유는 무엇일까? 자신의 예술에 대한 자부심, 자존심 때문 아닐까?

인물 잘났던 장재백

소리꾼 중에는 인물이 잘난 사람이 많았다. 김세종도 인물이 잘났다고 했고, 일제강점기에 활동했던 이동백도 인물이 잘나서 창원부사의 애첩이었던 기생이 야반도주를 할 정도였다고 한다. 물론 사진을 보면 소리꾼들은 정말로 인물이 거의 다 좋다. 요즘도 가수들의 인물이 다 잘난 것을 보면, 인물 잘난 사람들이 노래를 잘하는 것인지도 모른다.

장재백은 김세종의 제자로 전북 순창 출신으로 알려져 있었다. 이름도 장재백이 아니라 장자백이라고 했다. 그런데 최근에 남원시 월락동에서 장재백이 나오는 호적이 발견되었다. 주소는 전라북도 남원군 왕치면 월락리지금의 남원시 월락동 2통 9호 464번지이며, 호주는 장대일張大一이다. 본은 흥덕興德이다 이 호적의 전호주란에 장재백張在伯이 나오는바, 광무 11년1907 3월 10일 장재백의 사망으로 호주 승계가 이루어졌다고 되어 있다. 그렇다면 장재백은 이때 세상을 뜬 것으로 보아야 한다.

이 호적에는 또 장재백이 남원군지금의 남원시 주생면 내동리 10통 10호에 살다가 장재백의 아들이 1916년에 남원군 왕치면 월락리로 이주한 것

장재백의 묘 | 전북 남원시 주생면 내동리. 오른쪽에서 세번째가 장재백의 묘이다.

으로 되어 있다. 이를 통해 장재백이 남원군 주생면 내동리에서 살았던 사실이 확인된다. 내동리는 남원 시내에서 12킬로미터쯤 떨어진 마을로, 동네 바로 뒤로 88고속도로가 지나며, 동네 앞에는 금풍 저수지가 있다. 장재백이 살았던 집터는 마을의 제일 위쪽에 있는데, 지금은 그 터에 밤나무가 우거져 있다. 집터 바로 옆으로는 개울이 흐르고, 개울 건너편, 집터의 동쪽에 묘지가 있다. 묘지는 3기씩 두 군데에 모여 있는데, 그중에서 남쪽으로부터 세번째 것이 장재백의 묘라고 한다. 장재백의 족보에도 묘가 주생면 내동산에 있는 것으로 되어 있어서, 이것이 장재백의 묘가 분명한 것으로 보인다.

장재백은 남원에서 살다가 1907년 사망하여 그곳에 묻혔다고 하지만, 장재백의 부친을 비롯한 가문의 여러 사람이 순창에서 살았고 묘지도 순창군 인계면에 있는 것이 확인된다. 따라서 장재백 또한 순창 사람일 가능성을 배제할 수 없으나, 현재로서는 출생지를 확인할 수 있는 증거가 없다.

최근 규장각에서 발견된 '연수전중용하기'라는 문서에도 장재백이란 명창이 등장한다. 이 같은 구체적 증거로 보아 장자백은 장재백으로 고쳐야 한다.

장재백의 부인도 대단한 미인이었는데, 장재백의 소리 솜씨가 좋지 않은 것을 못마땅해하다가 그가 대성하지 못할 것이라 생각하고 전라북도 옥구지금의 군산시에 살던 어떤 사람의 첩으로 가버렸다고 한다. 이에 충격을 받은 장재백은 다시 공부를 열심히 하여 천신만고 끝에 마침내 명창이 되었다고 한다. 명창으로 이름을 날리게 되자 장재백은 여기저기 다니면서 소리를 하게 되었는데, 하루는 옥구의 잔칫집에 초청을 받아 가게 되었다. 장재백이 온다는 소문을 들은 전처는 몰래 잔치에 참여하여 장재백의 소리를 들었다. 그런데 인물 좋은 장재백이 소리마저 잘하게 되자 다시 솟아나는 연모의 감정을 이기지 못하여, 소리를 끝내고 돌아가는 장재백의 소매를 붙잡고 다시 인연을 맺자고 사정을 하였다. 그러나 장재백은 끝내 이를 거절했다고 한다.

장재백은 1887년 무과에 급제하여 교지敎旨, 조선시대에 왕이 신하에게 관직,

관작, 자격, 시호, 토지, 노비 등을 내려주는 명령서를 받았다. 이 교지는 소리꾼이 받은 교지로는 아마 전라북도에 남아 있는 유일한 교지일 것이다. 이 교지에는 장재백의 이름이 장기성으로 되어 있는데, 이 이름은 족보에 나오는 이름이다.

근대 문물이 만들어낸 명창, 임방울

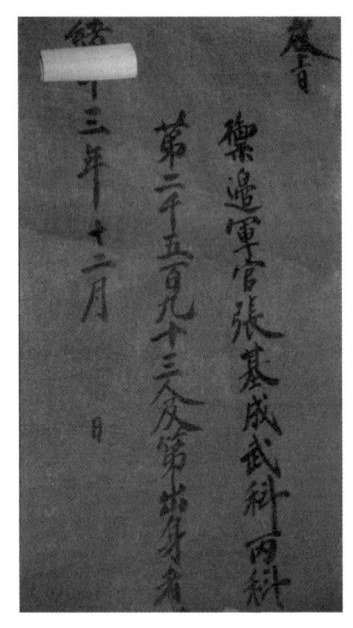

장기성(장재백)의 홍패

우리나라 사람으로 판소리에 대해 조금이라도 아는 사람이라면 임방울과 그가 부른 〈쑥대머리〉를 모르는 사람이 없다. 임방울과 〈쑥대머리〉는 우리나라 판소리사를 대표하는 이름이기 때문이다. 그런데 임방울은 19세기까지의 명창들과는 다른 과정을 통해 명창이 된 사람이다. 소리꾼으로 데뷔한 과정, 대중에게 인기를 얻게 된 과정, 그리고 죽음에 이르기까지 그가 누렸던 소리꾼으로서의 영광은 과거의 소리꾼들과는 확연히 구분되는 것이었다. 무엇보다도 임방울은 근대가 낳은 명창이었기 때문이다.

임방울은 1956년 6월 28일자 조선일보에 실린 「나와 창극」이라는 글에서 열네 살에 창에 취미가 있어서 명창 박제실'박재실'의 잘못로부터 〈춘향가〉와 〈홍보가〉를 배우고, 다음에 유성준으로부터 〈수궁가〉 〈삼국지적벽가〉〈심청전〉을 배우고 난 다음에 스물다섯 살까지 독단적으로 공부하였으며, 스물다섯 살 때 서울에서 박람회가 있어 단체로 서울에 올라와 박람회에 참가했는데, 이때 외숙인 김창환의 소개로 동아일보에서 개최한 명창 대회에 나갔다가 그날부터 출세가 되었다고 하였다.

임방울1905~1961 기념비. 광주광역시 광산구 송정동 송정공원

임방울이 출세하게 된 직접적인 계기는 박람회였다고 한다. 그러면 여기서 말하는 박람회는 무슨 박람회인가? 임방울의 나이와 출생연도를 고려해볼 때 1929년에 열린 조선박람회를 가리키는 것으로 보인다. 조선박람회는 조선공업협회가 제창하여 1929년 9월 12일부터 10월 31일까지 경복궁에서 열렸다. 아마도 일제가 자신들의 조선 침략을 정당화하기 위해 기획한 행사였던 것으로 보인다. 그런데 임방울은 서울서 박람회가 있어 단체로 서울에 올라와 박람회에 참가하였다고 했다. 그러면 판소리 창자와 박람회가 무슨 관련이 있었던 것일까? 당시 신문 기사에는 조선박람회

개장식 내용과 함께 각 도 응원대도 도착했다는 내용이 실려 있다. 그렇다면 임방울은 분명 이 응원대와 관련이 있다고 볼 수밖에 없다. 응원대는 판촉 행사에서 흥을 돋우거나 관중들을 위해 오락거리를 제공하려고 구성했을 것이다. 지금도 난장이나 각종 축제 때는 여러 가지 물건도 판매하고, 각종 공연도 하는 것을 더러 볼 수 있는데, 이런 경우와 같은 것으로 보인다. 이 박람회장에는 야외 공연장이 설치되어 있었다. 임방울은 아마도 여기서 공연을 하기로 하고 올라왔을 것이다. 그렇다면 임방울이 상경한 시기는 바로 조선박람회 개장을 전후한 시기, 곧 1929년 9월 12일 전후가 된다.

그런데 임방울은 1929년 9월 14일 오후 10시 20분부터 경성방송국에 출연하여 〈남도 단가〉를 불렀다. 10월 22일에도 또 한 차례 경성방송국에 출연하여 오후 1시부터 〈남도 단가〉를 불렀다. 임방울은 서울에 올라온 지 2~3일 만에 방송에 출연하는 행운을 얻은 것이다. 이때 이름은 본명인 임승근으로 되어 있다. 임방울이 이렇게 방송에 출연할 수 있었던 것은 박람회장에서의 인기 때문이었을 가능성이 크다. 이 과정에서 당시 서울에서 활동하고 있던 임방울의 외숙인 김창환이 영향력을 발휘했을 가능성도 있다. 김창환은 고종으로부터 의관조선 후기 중추원中樞院에 소속된 관직벼슬을 제수받은 어전御前명창으로 우리나라 최초의 극장인 협률사의 운영 책임을 맡기도 한 사람이다.

임방울이 처음으로 무대 공연에 나선 것은 외숙인 김창환의 소개에 의

해서였다. 김창환의 위치나 임방울과의 관계로 볼 때 임방울이 김창환의 소개로 서울 무대에 섰을 가능성은 충분하다. 그렇다면 그때가 언제쯤일까? 임방울은 박람회 때 동아일보사에서 주최한 명창대회에 나갔다가 그때부터 출세가 되었다고 하였다. 그런데 이 무렵의 동아일보에는 판소리 공연에 관한 기사나 광고가 등장하지 않는다. 1929년 9월 김창환이 출연한 공연은 12일과 13일의 광무대 공연과 15일과 16일의 매일신보사 내청각에서 한 공연이다. 임방울은 매일신보를 동아일보로 착각했을 수도 있다. 임방울이 데뷔한 무대가 동아일보사가 주최한 명창대회가 아니고, 매일신보가 주최한 명창대회라면 9월15일과 16일 양일간 펼쳐진 매일신보사 내청각에서의 공연이 임방울의 데뷔 무대가 된다.

서울에 입성하자마자 방송에 출연하는 등 활동의 폭을 넓혀가던 임방울은 곧바로 레코드사에 발탁되어 음반을 취입한다. 우리나라에서 음반 취입이 시작된 것은 1890년대라고 한다. 그러나 1920년대에 이르기까지 이뤄진 우리 음악의 음반 제작은 시도 단계에 머물러 있었다. 음반 취입에서 결정적인 전기는 1924년 전기 취입 방식이 발명되고부터이다. 덕분에 음질이 획기적으로 향상되자, 음반의 대량 제작과 판매가 이루어지며 한국의 음반 산업은 커다란 전환을 맞이했다. 한국에서도 1920년대 말 여러 음반 회사가 진출하여 음반을 제작하게 되었는데, 임방울이 데뷔한 때가 바로 이 시점이었다. 혜성같이 나타난 임방울이 음반을 취입하게 된 것은 당연한 일이었다.

임방울이 음반을 취입하게 됐다는 것은 당시 신문 기사로 확인할 수 있다. 동아일보 1929년 11월 13일자에는 컬럼비아Columbia 축음기 회사에서 복혜숙, 김영환, 김초향, 박녹주, 오태석, 임방울, 김옥엽, 이진사 등이 취입을 하는데, 조선에서 하지 아니하고 일본 대판오사카에서 취입을 하기로 했다는 기사가 나온다. 복혜숙과 김영환은 유행가 가수이고, 김초향, 박녹주, 오태석, 임방울은 판소리 창자, 김옥엽은 경서도경기도와 황해도 평안도 민요 창자이다. 이진사는 김옥엽과 같이 경서도 민요 음반에 등장하는 이진봉과 동일인이 아닌가 생각된다. 또 조선일보에는 이들이 11월 9일과 10일 이틀에 걸쳐 경성역을 출발했다는 기사가 나온다. 그런데 여기서 특기할 만한 사항은 임방울의 이름이 본명인 임승근이 아니라, 예명인 임방울로 나온다는 점이다. 그러니까 9월에 방송 출연을 할 때는 임승근이라는 본명으로 되어 있는데, 음반 취입 기사가 나온 11월에는 임방울이라는 예명으로 통용되고 있는 것이다. 두 달 사이에 본명에서 예명으로 변화했다는 것은 그사이 임방울의 신상에 많은 변화가 있었음을 간접적으로 말해준다.

컬럼비아 레코드는 원래 미국 굴지의 음반 회사인데, 임방울 등의 음반을 취입한 회사는 일본 컬럼비아사이다. 일본의 컬럼비아사는 일본축음기 회사가 미국 컬럼비아사의 전기 녹음 기술을 도입하면서 1927년 합작 회사 형태로 설립한 일본 최대 규모의 축음기 회사였다. 일본의 컬럼비아사가 전기 녹음 방식을 채택한 것은 빅터Victor보다 5개월 늦은 1928년 11월

유성기

이며, 전기 녹음 방식으로 된 한국 음반을 처음 낸 것은 1929년 2월이다. 그러니까 임방울 일행이 취입하러 간 시점은 일본 컬럼비아사가 이미 전기 녹음 방식을 채택하여 앞서가던 빅터를 추월하려고 하던 시점이었다. 빅터를 추월하기 위해 컬럼비아에서는 새로운 소리꾼들을 찾았을 것이고, 임방울은 이때 갓 등장한 신인으로서 컬럼비아사 비장의 카드가 된 셈이다. 임방울의 음반 취입이 신속하게 이루어진 데는 바로 이러한 컬럼비아사 저간의 사정이 작용했을 것으로 짐작된다.

임방울의 음반은 이듬해에 발매된다. 1930년 1월에 한 장, 3월에 두 장이 나오는데, 1월에 나온 음반에는 단가 〈명기명창〉과 〈가난타령〉이 실려 있고, 3월에 나온 음반에는 단가 〈호남가〉와 〈쑥대머리〉가 실려 있다. 여기에 실린 〈호남가〉와 〈쑥대머리〉는 크게 성공했다. 이 음반은 백만 장이나 팔렸다고 하니 그 인기가 어떠했을지 짐작할 만하다. 이 음반은 두고두고 임방울과 우리나라 근대 판소리를 대표하는 음반으로 기억되고 있다.

이렇게 보면 임방울은 상경하여 음반을 발매하기까지 6개월밖에 걸리지 않았음을 알 수 있다. 그만큼 임방울의 데뷔는 극적인 사건이었다. 음반 발매 이후 임방울의 인기가 얼마나 대단했는지는 이후의 신문 기사에서 매번 임방울이 단체 공연의 대표자로 소개되고 있는 데서도 알 수 있다.

이렇게 등장한 임방울은 1930년 이후 우리나라를 대표하는 최고의 판소리 창자로 이름을 날렸다. 판소리가 배출한 최초이자 최후의 슈퍼스타라고 부를 만한 사람이다. 그런데 임방울은 데뷔에서부터 인기 있는 소리꾼이 되기까지 이전의 소리꾼들과는 전혀 다른 과정을 거쳤다. 임방울이 상경하게 된 1929년의 박람회, 경성방송국 출연, 매일신보 내청각에서의 데뷔 무대, 그리고 음반 취입에 이르기까지 임방울을 스타로 만든 것들은 모두 근대의 산물들이다. 임방울은 이러한 새로운 문물을 적절히 이용하여 소리꾼으로 크게 성공했다. 그렇기에 임방울을 근대 문물이 만든 최초의 소리꾼이라고 하지 않을 수 없다.

마지막 대가 박동진

박동진의 판소리를 듣고 판소리를 재발견한 사람은 수없이 많다. 어른이건 아이건, 여자건 남자건 그의 소리를 듣고 나서 재미있다는 느낌을 갖지 않은 사람은 거의 없었다고 해도 과언이 아니다. 박동진은 소리판을 통해서 청중의 마음을 완벽하게 휘어잡을 수 있는 능력을 지닌 몇 안 되는 소리꾼 중 하나였다. 그는 그렇게 청중을 사로잡음으로써 최고의 소리꾼 대접을 받았다.

박동진

박동진 판소리의 가장 큰 장점은 재미있다는 것이다. 판소리를 처음 접하는 사람에게 판소리가 재미있다는 생각을 불어넣어줄 수 있다는 것은, 판소리를 자연스럽게 접하지 못하고 자라온 사람들에게 판소리의 가치와 의미에 대해 생각할 수 있는 귀중한 계기를 마련해준다는 의의가 있다.

전북 고창에서 박동진을 만난 일이 있었다. 박동진과 필자는 어느 회의에 참석했는데, 피서철이 아직 끝나지 않은 주말이었기 때문에 돌아가는 차표를 구하는 일이 걱정이었다. 그런데 박동진은 전혀 걱정을 하지 않았나. 어딜 가도 표 걱정은 없다고 했다. 표가 없으면 역장을 찾아가, "나 아시오?" 하면 모르는 사람이 없고, 표를 부탁하면 어떻게든 마련해준다고 했다. 그때도 아마 그 인기 덕분에 그는 편안히 서울로 돌아갈 수 있었을 것이다. 한번은 또 방송 출연차 방송국으로 가는 길이었는데, 시간이 없어서 택시를 타자마자 기사에게, "나 아시오?" 하고는 빨리 가자고 재촉했다고 한다. 그 기사는 당연히 박동진을 알아보고, 성의를 다해서 제시간에 대려고 하다가 그만 교통신호를 위반하여 경찰에게 붙들리고 말았다. 한참이나 실랑이가 계속되자 박동진이 나섰다. "여보, 경찰관, 나 아시오?" 했더니, 그 경찰관도 박동진을 알아보고, "문화재 어르신 아니십니까?" 하더라는 것이다. 이때다 싶어 박동진은 "아, 그러면 빨리 보내줘야지" 했더니, 두말없이 차를 보내주어 무사히 제시간에 닿을 수 있었다고 한다.

박동진은 1916년 7월 12일 충청남도 공주군 지금의 공주시 장기면 무릉리에서, 부친 박재천과 모친 경주 최씨 사이의 3남 1녀 중 장남으로 태어났다. 육백 석을 추수하던 할아버지 때의 가세는 다 기울었으나, 아버지의 유별난 교육열 덕택으로 박동진은 진잠보통학교를 거쳐 대전중학교에 진학할 수 있었다고 한다. 평범한 학생이었던 박동진에게 일생일대의 전기가 닥친 것은, 그가 중학교 3학년이던 열여섯 살 때였다. 당시 전국적으로 유행하던 협률사음악 공연 단체의 공연을 보고 반한 나머지 소리를 배우겠다는 일념으로 가출을 하고 만 것이다.

박동진이 맨 처음 찾아간 사람은 당시 충청남도 청양군 청장면 백봉리에 살고 있던 손병두라는 소리꾼이었다. 협률사 구경 이후, 무대에서 소리하는 자신의 모습만을 상상하며 지내던 박동진은, 마침 이동백근대 5명창 중 한 사람으로, 고종으로부터 정3품 통정대부 벼슬을 받았음의 고수 노릇을 하던 지동근이라는 사람이 충남 연기군에 살고 있다는 것을 알고 찾아갔는데, 지동근이 손병두를 소개한 것이다. 박동진에 의하면 그는 시골에 박혀 있는

'쫄때기_{보잘것없는 소리꾼}'였다고 한다. 그러나 손병두의 아버지 손필모도 북을 잘 쳤다고 하는 것을 보면, 비록 보잘것없기는 해도 대대로 음악에 종사해온 전통 있는 집안의 음악가였던 것 같다.

 1년여 동안 머슴살이를 하다시피 하며 손병두로부터 도막소리를 배운 박동진은, 손병두가 시장에 가서 책_{판소리계 소설인 듯함}을 사오는 것을 보고, 이제는 더 배울 것이 없다는 것을 직감했다고 한다. 판소리는 이야기를 노래로 부르는 것이기 때문에, 먼저 이야기로서의 사설이 있어야만 한다. 손병두가 책을 사온 것은 아마 새로운 소리를 만들기 위해 사설이 필요했기 때문이리라. 배울 것이 없다고 판단한 박동진은 다른 선생을 찾아갈 결심을 한다. 이때 한 판소리 애호가로부터 정정렬을 소개받았다. 정정렬을 만나러 열여덟 살에 서울로 올라온 박동진은 조선성악연구회에서 정정렬로부터 〈춘향가〉를 배웠다. 당시 조선성악연구회는 명실상부한 우리나라 최고 전통 예술인들의 집합체였다. 송만갑·이동백·김창룡·정정렬 등 당대 최고의 대가들이 모여 있었고, 그 외에도 김소희·박녹주·박초월·김연수·임방울 등 중견 소리꾼들이 소리를 배우며 활동하고 있었다. 특히 정정렬은 상무이사를 맡고 있었는데, 그는 당시 〈춘향가〉로 최고의 인기를 누리고 있었다.

 박동진은 정정렬에게 〈춘향가〉를 배우며, 송만갑으로부터 그 유명한 〈박타령〉을 배우기도 했다. 송만갑은 당시 왕십리에 방을 얻어 살면서, 조선성악연구회가 있는 종로구 익선동에 제일 먼저 나오곤 했는데, 어린 박동진이 새벽부터 소리 공부에 열심인 것을 보고는, 아침 일찍 나온 김에 박동진을 불러 〈박타령〉을 가르쳐주었다고 한다. 송만갑은 예술의 대가답게 인간성도 훌륭해서 참으로 인정 많은 노인이었다고 하는 것으로 보아, 능히 그랬으리라 생각된다. 노대가가 보기에 총명한 어린 박동진이 참으로 사랑스러웠을 것이다.

박동진은 1년 정도 정정렬에게 〈춘향가〉를 배우고는 서울을 떠났다. 그러고는 스물두 살 때부터 스물다섯 살 때까지 다시 판소리 수업에 임했다. 이때는 대구와 경주를 오가며 유성준, 박지홍, 조학진 등에게 〈수궁가〉〈홍보가〉〈적벽가〉를 배웠다. 박동진은 당시 대구 권번에서 소리선생을 하고 있었는데, 형편이 넉넉지 못하기는 마찬가지였다. 그래서 유성준의 〈수궁가〉는 임방울이 배울 때 밖에서 귀동냥으로 배웠다고 한다. 조학진은 하루에 50전씩 내야 소리를 가르쳐주었기 때문에, 소리선생 하면서 번 돈을 하루에 50전씩 꼬박꼬박 바쳐가면서 배웠다.

박동진에게는 이 3~4년이 판소리 수업에서 가장 의미 있고 중요한 기간이 된다. 배운 소리를 잘 소화해낼 수 있는 때였던 데다가, 배운 양도 많았기 때문이다. 그러므로 이 시기는 박동진의 수업기 중에서, 질에서나 양에서나 가장 의미 있는 시기였던 것이다. 특히 이때 조학진에게 배운 〈적벽가〉로 박동진은 후에 무형문화재가 되었다.

박동진의 판소리 수업 과정을 보면, 몇 가지 중요한 특징이 발견된다. 그중 하나는 비교적 짧은 기간에 많은 사람의 소리를 배웠다는 것이며, 둘째는 그렇기 때문에 다양한 소리를 배우기는 했지만 어느 것 하나도 세밀하게 익히지는 못했다는 점이다. 그러니까 결국 박동진은 판소리를 다양하게는 배웠지만, 스승들로부터 음 하나하나의 위치나 그것이 움직여 가는 개별음의 모음으로 배운 것이 아니라 정정렬의 유형, 유성준의 유형이라는 커다란 소리의 덩어리를 제공받은 셈이다. 박동진처럼 소리의 대강만을 스승으로부터 배워가지고는 바로 명창이 될 수 없다. 판소리는 음 하나하나의 세밀한 변화에서 예술성을 찾고 즐기는 예술이기 때문이다.

이러한 한계를 극복하게 한 원동력이 바로 박동진의 피나는 독공이었다. 독공은 판소리를 어느 정도 익힌 사람이 자신만의 독특한 세계를 이룩하기 위해 홀로 수련하는 과정을 뜻한다. 박동진은 자기 동네 앞산에 움막을 짓고 백일공부에 돌입했다. 박동진의 표현을 빌리면, 그 과정은 밥 먹고 잠자는 시간만 빼고는 계속해서 전력을 다해 소리를 하는 방식으로 진행되었다. 그렇게 무리하게 목을 쓰다가 나중에는 소리도 나오지 않고 온 몸을 꼼짝달싹할 수 없는 지경에 이르렀을 때 아버지가 찾아오셨다. 박동진은 아버지에게 인분 거른 물을 갖다달라고 하여 이를 먹고 거짓말같이 몸이 나았다. 이렇게 해서 박동진은 독공을 겨우 마칠 수 있었다.

그럭저럭 해방을 맞은 박동진은 창극단을 따라나섰다. 일제 말기에 이르러 판소리는 자생력을 잃게 되었는데, 해방 후에는 창극단과, 여성들만 출연하던 국극단이 겨우 흥행에 나서고 있었다. 박동진은 국극사, 햇님 국극단, 그리고 김연수의 우리 국악단 등을 전전했다. 1950년대에는 여성 국극단만이 흥행에 나서고 있었기 때문에, 박동진은 50년대 내내 박초월, 김소희, 박귀희, 조금앵, 김경애 등 인기 있는 여성 소리꾼들 뒤에서 고수도 하고, 무대 감독도 하고, 작곡도 하며 뒷바라지로 세월을 보낼 수밖에 없었다.

1960년대 들어 판소리가 완전히 몰락해버리자, 정부의 정책적 개입이 시작되었다. 1962년 국립창극단이 창설되고 1964년부터 무형문화재를 지정하기 시작한 것은 이런 맥락에서 이해해야 한다. 박동진은 국립창극단이 만들어지자 시험을 거쳐 입단하게 되었다. 이렇게 재기의 기회를 잡은 박동진은 다시 피나는 수련에 들어가게 된다. 새벽 여섯 시에 출근하여 열두 시까지, 하루 여섯 시간씩 독공을 했다. 이렇게 해서 이른바 박동진의 소리가 완성된다.

마침내, 1968년 다섯 시간에 걸친 〈흥보가〉 완창 발표회가 열리자, 장안이 발칵 뒤집히고 말았다. 우선 판소리에서 발표회를 한다는 것이 처음 시도되는 일이었을 뿐만 아니라, 다섯 시간이나 소리를 한다는 것은 당시로서는 상상할 수도 없는 일이었기 때문이다. 그때는 무대에 나가 소리를 20분만 하더라도 "누구는 20분이나 소리를 했다더라" 하고 놀라던 때였다는 것이다. 이때의 공연은 '협률사' 방식의 공연이 보통이었는데, '협률사'식 공연이란 전통 예술의 여러 장르를 한 무대에서 보여주는 방식이었다. 공연이 시작되면 기악, 무용, 판소리 등을 같이 공연하는 식이었다. 자연히 판소리도 10분에서 20분 정도만 부를 수밖에 없었다. 따라서 소리꾼들도 그 정도의 짧은 시간에 소화해낼 수 있는 이른바 도막소리를 배워서 부르고 있었다. 이런 형편이었으니, 박동진이라는 무명에 가까운 소리꾼이, 출중한 소리 기량과 익살맞고 재미있는 아니리와 너름새로, 다섯 시간이라는 긴 시간이 언제 지나갔는지 모르게 청중을 휘어잡자 놀라지 않을 수 없었던 것이다.

박동진의 이 발표회는 박동진 개인에게도 출세의 발판이 되었지만, 절멸할 지경에 이르렀던 판소리계에도 부흥의 기틀을 마련하는 계기가 되었다. 이후 수많은 사람이 완창 발표회를 가졌고, 이를 통해 능력을 평가받는 방식이 정착되었다. 박동진의 〈흥보가〉 발표회는 개인적으로나 민족적으로나 커다란 역사적 의의를 가진 일대 사건이었던 것이다. 1968년 〈흥보가〉 완창 발표회 이후로 박동진은 해마다 완창 발표회를 하였다. 1969년 〈춘향가〉, 1970년 〈심청가〉, 1971년 〈적벽가〉, 1972년 〈수궁가〉 완창 발표회를 통해 판소리 다섯 바탕 발표회를 다 마친 박동진은 1972년부터는 창이 전승되지 않는 〈변강쇠타령〉〈배비장타령〉〈숙영낭자전〉〈옹고집타령〉〈장끼타령〉〈강릉매화타령〉과 창작 판소리 〈이순신장군〉〈성서판소리〉 등을 발표하였다. 그 도중인 1973년 박동진은 조학진 바디 〈적벽가〉로 무형문화재 지정을 받았다. 그동안의 노력과 성과에 대한 최소한의 보상이 주어진 것이다.

이후 박동진은 가장 인기 있는 소리꾼이 되었다. 박동진의 인기는 유행가 가수 못지않았다. 그가 출연한 광고까지 등장했다. 무엇보다도, 재미있

는 박동진의 판소리가 전통적인 것은 고리타분한 것이라는 인식을 깨기에
충분했다. 박동진이 판소리가 자생력을 모두 잃어버린 뒤에 본격적인 활
동을 시작했으면서도, 판소리의 전성기에 활동한 소리꾼 못지않은 인기를
유지했던 이유는 무엇인가? 박동진을 한번 초청해서 소리를 들으려면 한
달 전쯤 미리 약속을 하지 않으면 안 될 정도로 그를 찾는 사람들이 많았
던 이유는 무엇인가? 아무래도 그의 예술이 그를 그렇게 바쁘게 만들고,
그렇게 좋아하게 만든 이유라고밖에는 설명할 도리가 없다.

　그렇다면 그토록 큰 인기를 모은 박동진의 소리에는 어떤 특징이 있을
까? 첫째로 들 수 있는 것은 그가 구사한 판소리의 다양성이다. 앞에서 언
급한 것처럼, 박동진은 당시 유행하던 여러 유파, 곧 동편제송만갑·유성준·
조학진, 서편제정정렬·박지홍, 중고제김창진의 소리를 모두 배웠다. 노대가들
로부터 다양한 유파의 소리를 배운 것은, 그만큼 박동진의 소리가 다양성
을 갖는 데 결정적인 도움을 주었다. 그런데, 당시 대가들 중에서도 박동
진이 배운 사람들은 비교적 새로운 양식의 소리를 하는 사람들이었다. 정
정렬의 소리는 5명창이 '신식 소리'라 일컬은 소리이며, 조학진은 비록 동
편제 소리를 배웠지만 서편제의 본바닥인 나주에 살았다. 유성준은 송만
갑과 소리 동기이기는 해도 송만갑이 죽은 뒤에야 본격적인 활동을 했으
며, 김창진 또한 가문에서 내쫓길 만큼 새로운 양식의 소리를 했다. 박지
홍은 전형적인 고제古制, 옛날 양식의 판소리 서편제 소리인 김창환 소리를 익
힌 뒤에 박기홍을 수종隨從하며 동편제 소리로 완성된 사람이다. 이렇게

보면 박동진의 스승들은 1930년대를 주름잡던 대가들이지만, 엄격하게 자신의 유파를 지킨 사람들이라기보다는 서로 다른 유파를 접하며 새로운 소리를 만들어낸 지극히 창조적인 소리꾼들이다.

게다가 박동진은 대강의 소리 유형을 배운 뒤에는 오랜 독공으로 자신의 소리를 완성해냈다. 그래서 그의 소리는 어느 유파, 혹은 어느 바디를 오롯이 간직하고 있다기보다, 독창적인 소리가 되었다. 다시 말하면 박동진은 다양한 유파의 소리를 익힌 다음, 오랜 변이變異의 과정을 거쳐 자기의 소리 세계를 개척한 지극히 창조적인 소리꾼이었다. 그러므로 박동진의 소리는 어느 유파의 것이라고 특정할 수가 없다. 다양한 소리가 모여 이룩된 새로운 소리이기 때문이다. 실제 〈춘향가〉만 하더라도 정정렬의 것은 다섯 시간밖에 안 되는데, 박동진의 것은 정정렬의 소리가 중심을 형성하고 있으면서도 그보다 세 시간이 길며, 소리 양식도 다르다. 박동진이 정정렬의 〈춘향가〉를 기본으로 했으면서도, 다른 소리들을 수용했기 때문이다.

박동진 소리의 두번째 특징은 고도의 즉흥성이다. 판소리는 구두전승예술이기 때문에 기록이 없다. 따라서 판소리는 창자의 기억에 존재한다. 그러나 인간의 기억은 불완전하기 때문에, 의식적 무의식적으로 즉석에서 변이형을 만들어 메우지 않으면 안 된다. 즉흥적 성격을 띠지 않을 수 없는 것이다. 그러나 많은 창자는 미리 확정된 곡을 가지고 있어서 부를 때마다 거의 같게 부른다. 과거의 대가 중에서도 송만갑 같은 사람은 일단 자신의 소리 양식이 정해지면 이를 거의 늘 똑같이 불렀다.

그런데 박동진은 부를 때마다 사설이나 곡조를 상당히 달리 해서 불렀다. 어떤 때는 즉석에서 그 상황에 맞는 내용의 사설이나 아니리를 삽입하기도 했다. 단가 한 편을 그냥 즉석에서 창작하여 부르는 경우도 있었다. 그것이 가능했던 이유는 그가 소리판에서 청중과 상호작용을 통해 생기는 반응에 적극적으로 대응했기 때문이다. 곧 청중의 부류, 수, 성격 등에 따라 다양하게 부른다는 것이다. 판소리가 참으로 판소리답기 위해서는 매회 새로워지지 않으면 안 된다. 상황에 따라 판소리가 달라지지 않는다면 청중을 감동시킬 수 없다. 청중을 사로잡는 박동진의 뛰어난 능력은, 청중의 기호와 욕구를 소리에 담아냄으로써 발휘된다. 다음과 같은 예를 보면 그러한 박동진의 능력을 고스란히 알 수 있다.

판소리 한 대목 〈흥보가〉 공연 실황

아니리
화초장[1]을 짊어지고 저의 집으로 들어가던 것이었다. 이놈이 정신이 나만치나 없던 모냥이여. (고수) "그 말이 맞다." "그놈 잡놈이시."

중중모리
"화초장, 화초장, 화초장, 화초장 하나를 얻었네. 얻었네. 얻었어. 화초장을 얻었구나. 내 평생 원허더니 화초장 하나를 얻었네." 또랑 하나 건너뛰다가, "아차, 잊었구나! 이것이 무엇이냐? 장은 장인디 모르겠다. 꺼꿀로 붙여도 모른다. 초장화, 화

창극 〈흥보전〉 중 놀보가 화초장을 짊어지고 가는 부분. 남원시립국악단 공연

장초, 장초화도 아니다. 장 자를 모두 다 들먹거리자. 천장, 구들장, 방장[2], 된장, 꼬치장, 간장, 송장, 뗏장[3], 도장, 개장[4]. 국립극장 극장장이냐? 그것도 아니로다." 저그 집으로 들어간다. 저의 집으로 들어가. "여보게, 마누라! 집안 어른이 어디 갔다 집안이라고서 들어오면, 우루루루루루루 쫓아나와 영접하는 게 도리 옳지,[5] 좌이부동[6]이 웬일인가? 에라, 이 사람 요망하다." 놀보 마누라 나온다. 놀보 마누라가 나와. 변덕이 젖어져서[7] 영감을 부르는디, "어 여보 영감. 어 여보. 영감. 영감 오신 줄 내 몰랐소. 내 잘못되었소. 요리 오시오. 요리 오라면 요리 와." "놓아 두어, 이 사람아. 내 진 게 뭣이냐?"

---

1) 화초장(花草欌): 문짝에 화초의 그림을 그려 만든 장롱.
2) 방장(房帳): 겨울철에 외풍을 막기 위하여 방문이나 창문에 치는 휘장.
3) 뗏장: 흙이 붙어 있는 상태로 떠낸 잔디의 조각.
4) 개장: 개장국. 개고기를 여러 가지 양념, 채소와 함께 고아 끓인 국.
5) 도리 옳지: 도리에 옳지.
6) 좌이부동(坐而不動): 가만히 앉아서 움직이지 않음.
7) 젖어져서: 젖어서. 몸에 배어서.

박동진은 공연 중에 자주 작품 내적 상황으로부터 벗어나서 고수와 말을 주고받는다. 위의 예에서도 "그 말이 맞다" "그놈 잡놈이시"와 같은 말은 작품 내적 상황에서 벗어나 현실의 고수와 창자가 주고받는 말이다. 그런데 이 두 마디 말이 청중들에게는 뜻밖에 맞이하는 상황이 되어 웃음을 유발한다. "국립극장 극장장이냐?"도 마찬가지이다. '장' 자 붙은 말을 주워섬기다 갑자기 현실로 튀어나와 '국립극장 극장장'을 언급한다. 그런데 이 공연은 극립극장에서 이루어지고 있었다. 이러한 즉흥성을 발휘하여 청중을 휘어잡을 수 있는 능력을 박동진은 갖고 있었던 것이다. 박동진의 이러한 능력이 그를 '대가'로 부르는 참된 이유이다. 그리고 그는 그러한 능력에서는 '마지막 대가'이다.

그런데 즉흥성이 강한 박동진의 소리는 배우려는 사람의 입장에서는 여간 불편한 게 아니다. 부를 때마다 다르니 어떤 것을 따라서 불러야 할지 알 수가 없다. 박동진이 이름을 날릴 때 여러 사람이 박동진의 판소리를 배우겠다고 몰려들었으나, 한 사람도 제대로 배우지 못한 것은 바로 이러한 박동진 판소리의 즉흥성 때문이다. 박동진처럼 부를 때마다 다르게 부르기로 유명한 사람은 일제강점기에 활동한 이동백이다. 그는 정삼품 통정대부라는, 판소리사상 최고의 벼슬을 받았다. 이동백은 당대 최고의 명창이었으므로 한곳에 가만히 앉아서 제자들을 가르칠 여유가 없었다고 한다. 그래서 제자들은 선생님을 따라다니면서 소리를 배웠는데, 어제 가르쳐준 소리와 오늘 가르쳐주는 소리가 달랐다. 그러다 제자가 어제는 이렇게 부르지 않았는데, 오늘은 왜 이렇게 부르냐고 물으면, 이동백은 그놈 참 어디 멍청해서 가르치겠느냐고 고함을 질렀다고 한다. 그러니 남아 있는 제자가 있을 리 없다. 이동백의 소리 또한 이동백 이후에 전승이 끊겼다.

박동진 판소리의 세번째 특징으로 들 수 있는 것은 창조적인 아니리이다. 보통의 소리꾼들은 배운 대로 아니리를 한다. 그러다보니 요즈음의 판소리에서는 자기만의 독특한 아니리를 찾아보기 힘들다. 박동진 판소리에서 빼놓을 수 없는 매력은 바로 이 아니리에 있다. 박동진 판소리의 구수한 재담과 육담은 판소리에 별다른 조예가 없는 사람들마저도 판소리에 깊숙이 빠져들게 하는 위력을 지니고 있었다.

박동진의 아니리는 서민적인 것이 특징이다. 비속한 언어나 음담패설, 그리고 욕설까지도 적극적으로 구사하는 그의 아니리에는 서민적 생기발랄함이 있다. 음반으로 녹음된 작품에는 이러한 특성이 별로 두드러지지 않는다. 공연 현장에서 나타나는 예를 들어보자.

……아, 그런디 요새 여자들은 말여, 아, 여기 구경 온 젊은 양반들 말고, 귀경 안 온 사람이 그렇다 그 말여. 아, 쓰까뜬가 윈 갓가튼가 그놈의 서양 치마를 딱 입었거던. 서양 치마를 입고, 그 속치마 어트케 기냥 걸레 같은 거 하나 입고, 요롷게 하고서는, 요기다가 꼭 요맨헌 것, 쬐깐헌 것 딱 둘르고는 앉아서, 처음에는 좋게 요롷게 하고 앉아서, 한 십 분만 앉았으면

요짝 다리가 저린께, 요놈이 차차 내리와서 요렇게 된다 그 말여. 그러면 저기 앉은 사람이 여기 다 보여. 하하하. 아, 여기 오신 우리 학생 여러분들은 안 그렇고, 안 온 사람이 그렇다 그 말여.

위 인용문은 박동진의 〈흥보가〉 실황 녹음에서 가져온 것이다. 여기에는 현장에서 실연할 때의 어조나 청중들의 반응 등이 모두 제거되어 있기는 해도, 이를 보면 박동진이 구사하는 아니리가 어떤 것인지 짐작할 수 있다. "아, 여기 구경 온 젊은 양반들 말고" "아, 여기 오신 우리 학생 여러분들은 안 그렇고" 등 청중을 의식한 발언, 재치 있는 화술, 반복과 부정을 통한 강조, 그리고 스커트를 통한 서양 문화 비판 등 갖가지 전략이 잘 조합되어 있는 이러한 아니리는, 어디서 듣거나 배운 것이 아닌 박동진만의 것이다. 그리고 그 아니리는 그저 말초적인 흥미만을 끄는 재담이 아니라, 현대적 상황에 맞추어 새롭게 만들어졌다. 게다가 이 아니리는 고정된 것이 아니고, 연행 현장의 상황에 맞게 그때그때 즉흥적으로 창조된다. 위 인용문도 청중이 짧은 스커트를 주로 입는 젊은 학생들이라는 것을 충분히 고려한 아니리이다. 박동진의 판소리가 남녀노소 누구에게나 절대적인 환영을 받는 이유의 하나는 바로 여기에 있다. 그리하여 박동진은 한 시대를 대표하는 소리꾼이 될 수 있었다.

판소리가 절멸의 위기에 처했을 때, 완창 발표회를 통해 뛰어난 기량으로 청중을 매료시킴으로써 판소리에 다시 생명을 불어넣은 점은 많고 많은 그의 업적 중에서도 가장 높이 평가되어야 할 것이다. 전승이 끊어질 뻔했던 판소리를 현대적 상황에 어울리는 예술로 재창조함으로써 소생시킨 그의 업적이야말로 그 무엇보다도 중요하고 값진 것이기 때문이다. 박동진을 대가, 혹은 옛 명창의 기풍을 지닌 마지막 대가로 부를 수 있는 진정한 이유도 바로 여기에 있다.

박동진은 자신을 광대로 부르기를 좋아했다. 다른 소리꾼 중에는 광대라는 말에 숨어 있는 부정적 인상 때문에, 자신이 광대로 불리는 것을 싫어하는 사람이 많았다. 그럼에도 그가 굳이 자신을 광대라고 했던 이유는 무엇일까? 자신의 예술에 대한 자부심, 자존심 때문 아닐까? 다시 태어나도 광대의 길을 가겠다고 늘 공언했던 박동진은 2003년 7월 8일 오전 9시 10분 공주시 무릉동 자신의 판소리 전수관에서 샤워를 하다가 그대로 잠이 들었다. 편안한 얼굴이었다고 한다.

최초의 여자 소리꾼 진채선

본래 판소리는 남자들만 부르던 것이었다. 판소리는 무당 가계 남자들의 창조물이다. 그렇기 때문에 애초에 여자들이 판소리를 부를 일은 없었다. 게다가 안방이나 대청 등 가까운 거리에서 청중을 마주하고 노래를 불러야 했기 때문에, 당시의 도덕률에 비추어 여자가 판소리를 부르는 것은 불가능했다. 여자 소리꾼의 존재를 일반적으로 받아들이기 시작한 것은 서양식 무대가 도입되어 공연자와 청·관중이 일정한 거리를 유지하게 된 개화기 이후의 일이다. 그런데 19세기 후반 신재효의 시대에 여자 소리꾼이 처음으로 등장했으니 그가 바로 진채선이다.

진채선의 성이 진陳씨라는 것이 밝혀진 것은 최근의 일이다. 진채선에 관한 최초의 기록인 『조선창극사』에는 성 없이 '채선彩仙'으로만 되어 있었다. 채선이라는 이름도 보통 사람들의 이름과는 좀 다르다. 그래서 진채선은 기생 출신이라고 하기도 했다. 그런데 고창문화원장을 오래 지낸 이기화는 현장 조사를 통해 채선의 고향이 심원면 검당포이고, 그의 선대가 고창군 무장면에서 건너온 진씨였다는 것을 밝혀냈다. 그런데 국립창극단장을 지낸 강한영 선생도 1975년경에 고창에 와서 백방으로 수소문한 결과, 고창군 심원면에서 주막을 하는 진채선의 이질녀 김막례를 찾아냈다. 김막례는 무당 집안 사람이었다. 그래서 진채선의 성이 진씨이며, 무당의 후손이라는 사실이 밝혀졌다.

진채선 생가의 위치는 고창군 심원면 월산리 사등마을 522번지일 것으로 추정된다. 월산리는 포구였는데, 그래서 검당포라고 한다. 검당마을은 해일에 없어져버렸고, 포구가 있던 곳에는 방파제를 쌓았다. 심원면 월산리는 검당, 사등, 죽림, 월산, 마산 다섯 마을로 이뤄져 있는데, 과거에는 검당에서 소금을 구웠기 때문에 검당이 가장 컸다고 한다. 검당은 본래 천민의 집단 거주지였는데 그렇다면 같은 천민이었던 당골단골무당 또한 가까운 곳에 살았다는 것이 별로 이상하지 않다. 그런데 어떻게 해서 무장 진씨와 검당포 무당이 만난 것일까? 전해오는 말로는, 진채선의 조부가 어려운 생활을 극복하기 위해 무장에서 검당포로 건너와 과부였던 김당골 김씨 성을 지닌 당골과 함께 살게 되면서 진씨가 검당포에 뿌리를 내렸다고 한다.

그런데 이 마을에서는 또 다른 판소리 명창이 탄생한다. 진채선 집안이 갖고 있던 당골판[33]의 권리가 나중에 김기운이라는 사람에게 넘어갔는데, 김기운의 손자가 바로 명창 김성수이다. 김기운은 법성포에서 검당포로 이사와 그곳의 당골판을 인수했는데, 이 과정에서 고창군 흥덕면 후포 사람 김토산이 영향력을 행사했다고 한다. 김토산은 일제강점기 고창을 대표하는 소리꾼으로 김기운의 처사촌이었다. 김성수의 스승이 바로 김토산이다. 김성수는 한쪽 다리를 저는 몸으로 판소리를 했는데, 전국적인 명성은 얻지 못했지만 구성진 목에 아기자기한 짜임새로 유명하였다. 특히〈흥보가〉중의 '제비 노정기'가 좋았다. 진채선의 이질녀라고 하는 김막례는 또 김토산과 인척간이라고 한다. 이렇게 보면 법성포, 검당포, 후포를 잇는 전라도 중부 서해안의 무맥은 김씨들이 이어왔고, 진채선 또한 이들 사이에서 나왔다는 것을 확인할 수 있다.

김막례의 증언에 의하면, 채선이 유년 시절에 당골 학습을 하는 어머니를 따라다니면서 등 너머로 익힌 노래 솜씨가 당골 선생에게 알려져 따로 소리 지도를 받기 시작한 것이 판소리 공부의 첫 인연이었다. 나중에는 노래 솜씨가 소문이 나서 진채선은 어머니를 따라 큰 잔칫집의 소리판에 다녔다고 하였다. 그 후 처음 소리를 가르치던 선생이 신재효에게 다리를 놓아주어 진채선은 신재효의 문하에 들어갔고, 거기서 본격적인 훈련을 받아 명창이 되었다고 했다.

그가 어떤 과정을 거쳐 판소리를 배웠는지는 알려진 사실이 거의 없다. 신재효의 각별한 배려 속에서, 신재효의 집에 드나들던 소리꾼들에게 소리를 배웠을 것이다. 신재효가 직접 쓴 〈도리화가〉에는 진채선을 향한 절절한 애정이 담겨 있다. 이로 보아 신재효가 진채선에게 각별한 관심을 가졌다는 것을 짐작할 수 있다. 진채선은 신재효의 집에서 소리 사범 노릇을 했다는 김세종으로부터 소리를 배웠을 가능성이 크다.

소리 공부를 마친 진채선은 1867년 한양으로 올라가 경복궁의 경회루 낙성연에 참여하였다. 진채선이 어떻게 해서 그곳에 참여하게 되었는지는 알 수 없으나, 신재효가 경복궁 재건을 위해 돈도 내고, 노래도 지어 바쳐 임금으로부터 절충장군이라는 벼슬을 받았던 사실에 비추어 보면, 신재효의 의지가 강하게 작용했을 것으로 보인다. 이때 진채선을 데리고 간 사람은 김세종이었는데, 여성이 먼 길을 간다는 게 힘든 시절이라 진채선은 길을 갈 때는 물론이고 소리를 할 때도 남장을 했다고 한다. 진채선이 남자 복장을 하고 소리를 했다는 이야기는 여러 사람에게서 확인된다.

진채선은 한양에 올라간 후 흥선대원군의 눈에 들어 대원군의 집에 기거하게 되었다. 대원군은 평소에도 미색이 짙은 기생을 뽑아 자신의 거처인 운현궁에 윤번제로 와서 시중을 들게 했는데, 이들을 '대령기생'[34]이라고 했다. 이런 사정으로 볼 때 진채선은 다른 대령기생들과 마찬가지로 운현궁에 거주했을 것이다. 대원군과 진채선의 관계를 짐작하게 해주는 또 다른 근거가 있다. 신재효의 유품 중에는 대원군이 직접 그린 난초 그림인 〈석파란〉이 있었다고 한다. '석파石城'는 흥선대원군의 호이다. 이 그림은 6·25 무렵에 분실되었지만, 이 난초 그림의 존재를 통해 대원군과 신재효의 관계를 짐작할 수 있다. 신재효는 한양에 올라간 일이 없었으므로 진채선을 통해서 그림을 받았다고 추측하는 것이 자연스럽다.

　대원군이 권좌에서 물러나게 된 데는 1873년 최익현의 탄핵 상소가 결정적으로 작용했다. 최익현의 탄핵을 빌미로 고종이 친정을 선포하자, 대원군은 경기도 양주로 은퇴하게 된다. 대원군의 세도가 끝난 것이다. 대원군은 이후에도 몇 차례 복귀를 시도하지만 실패하고 1898년에 죽는다. 그러므로 대원군의 거처인 운현궁에 출입하던 소리꾼들은 아마 1873년 대원군의 양주 은퇴 때 모두 낙향했을 것이다. 진채선 또한 아무리 늦춰 잡아도 이때쯤에는 대원군 곁을 떠났을 것으로 생각된다.

　그렇다면 그 후에 진채선은 어디로 갔을까? 고창으로 돌아와서 신재효를 만났다고도 하고, 한양의 기생이 되었다고도 하고, 중이 되었다고도 한다. 그러나 어떤 것도 확실한 것은 없다. 이후 진채선의 거취에 대해서는 조선시대 궁궐에 있다가 밖으로 나온 궁녀들의 처신을 살펴보는 것도 다소 도움이 될 듯하다. 궁녀는 일단 궁중에 들어가면 밖으로 나갈 수 없도록 되어 있었으나, 천재지변이 있을 때 몇 명씩 궁중을 나가도록 허락하기도 했다. 어려서 궁중에 들어온 궁녀들의 원한 때문에 천재지변이 일어난다는 속설이 있었기 때문이다. 그런데 밖으로 나온 궁녀는 혼인을 해서는 안 된다는 제약이 따랐다. 출궁녀를 첩으로 삼거나 간음한 자는 처벌을 면치 못했다. 고전소설 중「운영전」이 바로 이런 궁녀의 비극적 삶을 담고 있다. 운영은 안평대군이 거주하는 수성궁의 궁녀인데, 우연한 기회에 김 진사를 알고 사랑하게 되어, 그를 만나러 수성궁 담을 넘곤 하였다. 나중에 그 사실이 발각되어 하옥되자, 운영은 저승에서나 김진사를 만날 것을 기약하고 자살한다. 김진사 또한 자살한 운영을 장사 지내고 뒤를 따라 자살하고 만다는 이야기이다. 이러한 점에 비추어 볼 때 대원군과 관계를 맺은 진채선이 다시 신재효를 만났다거나 장안의 기생이 되었다는 이야기는 설득력이 없어 보인다. 진채선은 재가할 수도, 놀음에 응할 수도 없어서 조용히 은거했을 가능성이 가장 크다. 그랬기 때문에 대원군이 몰락한 후 진채선의 행적이 전혀 발견되지 않는 것으로 보인다.

    진채선은 우리나라 최초의 여성 소리꾼이었다. 고창의 신재효가 길러냈고, 서울에 가서 대원군의 사랑을 받았다. 진채선을 서울로 떠나보낸 신재효는 또 진채선을 애타게 그리워하는 노래를 남겼다. 그럼에도 진채선에 관해서는 알려진 것이 별로 없다. 고창군 심원면 월산리 사등마을 앞에 '진채선 생가터'라는 안내판이 있을 뿐이다. 진채선 이후 한참을 기다리고서야 우리는 허금파나 김초향, 이화중선 등의 여자 소리꾼을 만난다. 일제

초기에 활동했던 이들은 진채선이 닦아놓은 길이 있었기에 소리꾼의 길을 갈 수 있었다. 그렇기에 그들의 이름도, 명예도 다 진채선에게 빚지고 있다.

서슬의 소리꾼 박초월

판소리의 고급 청중이 가장 많다는 전주 부근에는 박초월을 좋아하는 판소리 애호가가 특히 많았던 것으로 기억한다. 그들은 "박초월의 목을 당할 사람이 없다"고 하였다. 정말 박초월의 목을 당할 사람은 없을 것이다. 최근에 컴퓨터를 동원해서 음의 높이를 재보았더니, 박초월의 소리는 김소희의 소리에 비해 거의 반 옥타브 정도나 높았다. 이것이 비록 여러 가지 소리를 비교하지 않고 특정한 일부 소리만을 비교한 것이라고는 하더라도, 박초월 목소리의 기량을 짐작하게 하는 점이 아닐 수 없다. 그러나 박초월이 다른 사람에 비해 훨씬 높은 음을 구사했다고 해서, 그것이 곧바로 판소리꾼으로서의 기량으로 연결되는 것은 아니다. 박초월

박초월 | 벽소 이영민이 찍은 사진이다.

이 명창으로 불린 데에는 또 다른 이유가 있을 것이다. 그 이유를 찾아가 보자.

박초월의 호적명은 삼순三順이며, 1917년 전북 남원시 운봉읍 화수리 비전마을에서 태어났다고 한다. 그러나 필자가 현장 조사를 한 바에 의하면, 이는 잘못된 것이다. 박초월은 운봉 출생이 아니라 순천 출생이다. 순천에서 태어나 아주 어렸을 적에 운봉으로 이사 와서 살았다.

박초월이 어린 시절을 보낸 남원 운봉읍 화수리 비전碑前마을은, 고려

복원한 박초월의 생가. 전북 남원시 운봉읍 화수리 비전마을 | 남자 동상이 있는 것은 송흥록의 생가와 같은 곳에 있기 때문이다.

말 이성계가 왜구에 맞서 싸워 크게 이긴 것을 기리는 황산대첩비가 있는 곳이라서 그런 이름이 붙었다. 그러니까 이 동네는 오랜 역사를 가진 마을이다. 거기에 더하여 이 동네는 가왕歌王 송흥록이 살았던 곳이기도 하다. 송흥록은 그때까지 전해지던 소리를 종합하고 발전시켜 동편제 판소리를 만들어낸 사람이다. 남원을 중심으로 한 지역이 동편제 판소리의 주요 전승지가 된 것은 바로 송흥록의 영향 때문이었다. 그리고 보면 박초월이 하필이면 가왕의 고향에 가서 살게 되었다는 것부터가 예사롭지 않게 느껴진다.

거의 모든 소리꾼이 그랬듯이 박초월도 어려서부터 소리에 재능을 보였으나, 부모는 절대 소리를 못 하게 하였다. 열네 살에 운봉에서 얼마 떨어지지 않은 성산의 대부호 박진규의 재취로 간 박초월은 거기서 넉 달 만에 집을 나와버렸다. 소리를 하기 위해서였다고 한다. 나중에 소리꾼으로 명성을 얻고 난 뒤 박초월은 박진규와 다시 만나게 되었는데, 남편은 성심을 다해 그를 후원하였고, 박초월 또한 남편이 세상을 뜰 때까지 15년을 같이 잘 살았다고 한다.[35]

집을 나온 박초월이 맨 처음 만난 소리꾼은 일제강점기 남원 판소리의 대들보 김정문이었다. 김정문은 송만갑의 수제자로, 당시에는 남원 권번의 소리선생을 하고 있었다. 남원 권번에서 박초월은 김정문으로부터 〈흥보가〉를, 박봉래와 박중근으로부터 〈춘향가〉를 배웠다. 박봉래는 구례 출신으로 박봉술의 형이며, 박중근은 임실 출신으로 마산을 중심으로 한 지역에서 상당한 활동을 한 것이 확인된다. 모두 송만갑의 제자로 동편제 판소리의 거장들이었다. 그러니까 박초월은 동편제 판소리의 본고장에서 나서, 그곳에서 동편제 판소리의 거장들로부터 동편제 소리의 진수를 배운 것이다. 훗날 박초월이 전력을 다하는 발성법으로 청중의 폐부를 찌르는 창법을 구사하게 된 것은, 아마 소리를 처음 접할 때부터 익힌 동편제 소리의 영향 때문이었을 것이다.

박초월은 남원에서 김정문과 박봉래, 박중근으로부터 판소리 수업을 마친 후 다시 송만갑에게 지도를 받았다. 박초월은 이렇게 해서 판소리 수업을 모두 마치고, 1933년 전주에서 열린 전국남녀명창대회에 참가하여 열일곱의 나이로 일등상을 받는다. 이것이 박초월에게는 출세의 발판이 되었다. 곧 오케, 폴리돌, 빅터 등 당시의 대표적인 레코드회사들과 전속계약을 맺고 음반을 취입하였다. 이후 박초월은 죽을 때까지 박녹주, 김소희와 함께 우리나라 여성 판소리를 대표하는 소리꾼으로 군림하였다.

박초월은 창극에서도 상당한 활동을 했는데, 1939년 거제도 출신의 하창운이 조직한 동일창극단에서는 박귀희와 짝이 되어 많은 활동을 하였다. 특히 동일창극단의 대성공작이었던 〈일목장군 一目將軍〉에서는 여주인공인 아리주 역으로 이름을 떨쳤다. 해방 후 박초월은 〈춘향전〉의 월매 역으로 유명했는데, "월매 역으로는 제일인자"[36]라는 평가를 받았다.

박초월의 소리, 특히 박초월의 〈춘향가〉가 인기를 끈 것은 1960년대였다. 이때 박초월은 암행어사가 내려오면서 방자를 만나는 데서부터 춘향이모와 상봉하고, 옥중으로 춘향이를 찾아가 만나는 대목까지를 다른 사람은 도저히 흉내 낼 수 없을 정도로 잘 불렀다. 그래서 수많은 사람이 이 대목을 배우려고 모여들었다. 당시에는 판소리 한 바탕을 처음부터 끝까지 부르는 완창이라는 것이 없었고, 판소리 중에서 좋은 대목만을 떼어내서 짤막하게 부르는 소위 '도막소리'를 하던 시절이었다. 박초월에게 이 대목을 배운 사람 중에는 당시 제2의 박초월 소리를 듣던 성우향, 전주의 이일주, 장녹운, 최난수 등이 있었다. 그러나 박초월은 이 대목만을 잘 불렀을 뿐, 〈춘향가〉 한 바탕을 전부 부르지는 않았던 것 같다. 이 한 대목을 특출나게 잘 불러서, 1964년 무형문화재로 지정될 당시 그의 보유 부문에 바로 〈춘향가〉의 이 대목이 지정되기에 이르렀다. 1967년에 박초월은 유성준 바디 〈수궁가〉로 문화재 지정 곡목이 변경된다.

박초월은 판소리가 점점 쇠락의 길로 접어들던 1954년 교육의 필요성을 절감하고 김소희, 박귀희와 함께 민속예술원을 설립하였다. 이 민속예술원은 후에 국악예술학교로 발전하여 지금까지 수많은 인재를 길러낸 국악의 산실이 되었다. 또 박초월은 개인적으로 1966년부터 자기 집에 판소리 명창 156위의 신주를 모시고 해마다 칠석날이면 제사를 지냈다고 한다. 이러한 사실을 통해 박초월이 깊은 내면에 많은 사람을 거느리는 시인다운 풍모와 따뜻한 인간애를 아울러 지니고 있었음을 짐작할 수 있다. 사실 명창이 그냥 되는 것인가? 이러한 인격이 바탕에 깔려 있었기에 그의 예술 세계는 더 무겁고 깊은지도 모른다.

그러면 박초월의 소리 세계로 들어가보자. 그의 소리에서 제일 먼저 들어야 할 것은 계면조 위주의 창법이다. 박초월은 계면조를 거의 극단까지 추구하는 소리꾼이다. 계면조란 슬프게 부르는 창법을 말한다. 그러니까 박초월은 슬픈 가락 위주로 판소리를 한다는 뜻이다.

그러나 그것뿐이라면, 이는 다른 사람들의 소리와 크게 다를 것도 없고, 특별히 좋을 이유도 없다. 박초월의 소리가 크게 인기를 끌었던 비밀은 그의 특별한 목목소리, 음색에 있다. 판소리에서 사용하는 목소리는 크게 탁하고 거친 수리성과 맑고 깨끗한 천구성으로 나눈다. 판소리에서 사용하는 소리는 기본적으로 목쉰 듯한 수리성이지만 그렇다고 해서 순전히 거칠기만 해서는 안 된다. 거칠면서도 맑은 맛이 있어야 한다. 그러한 소리가 바로 '곰삭은 소리'이다. 이런 소리에는 슬픔이 깃들게 되는데 이러한 슬픔이 밴 소리를 판소리에서는 '애원성'이라고 하여, 최상의 가치를 부여한다. 이렇게 소리꾼이 판소리에서 요구하는 좋은 음색을 갖추었을 때, '목구성이 좋다'고 한다. 우선 박초월의 목소리는 목구성이 좋다.

다음으로 들 수 있는 박초월의 목의 특성은 '서슬'이다. '서슬'을 사전에서 찾아보면 "강하고 날카로운 기세"라고 되어 있다. 그러니까 박초월의 소리에 서슬이 있다는 말은 그 안에 강하고 날카로운 기세가 있다는 말이다. 그러면 소리의 강하고 날카로운 기세란 무엇을 뜻하는가? 흔히 여창은 상청고음高音이 있어야지 그렇지 않으면 들을 맛이 없다고 한다. 그만큼 여창에게는 고음이 필수적인 요건이다. 여자의 목소리는 가볍기 때문에 저음에서는 별 효과를 발휘하지 못한다. 그러므로 자연히 고음의 효과에 의존하게 되는데, 애원성으로 정수리를 치는 듯한 고음을 낼 때 소리에는 팽팽한 긴장감이 형성된다. 이때 느끼는 긴장감을 판소리에서는 서슬이란 용어로 표현한다. 박초월은 좋은 목구성에 누구도 흉내낼 수 없는 고음으로, 소리의 서슬에 관한 한 최고의 소리꾼이라는 평가를 받았다. 박초월이 전력을 다해 소리를 내지를 때 사람들은 마치 전기에 감전이라도 된 듯한 전율을 체험하게 된다. 그래서 박초월은 많은 사람에게 최고라는 찬사를 들었고, 그 전율의 판소리적인 표현이 바로 서슬이었다.

그렇다면 서슬의 구체적 내용은 무엇인가. 우선 서슬은 약자의 소리에서 생긴다고 할 수 있다. 고음의 애원성에서 나오는 서슬은 슬픔을 바탕에 깔고 있다. 애원성은 강자의 목소리는 아니다. 강자의 목소리는 호령성, 혹은 우조씩씩한 가락여야 한다. 그러나 비록 서슬이 슬픔을 그 바탕에 깔고 있다고 하더라도 완전한 절망이나 탄식에서는 서슬이 생기지 않는다. 절망과 탄식의 노래인 〈육자배기〉나 〈홍타령〉에서 별로 서슬을 느끼지 못하는 이유가 여기에 있다. 서슬은 절망적인 상황에 처하여 이를 순순히 받아들이지 않고 저항하려 할 때, 곧 강하고 날카롭게 맞설 때 생긴다. 대표적인 경우가 〈십장가〉이다. 〈십장가〉는 〈춘향가〉 중에서 춘향이가 변학도에게 매를 맞는 내용을 판소리로 만든 노래이다. 매를 열 대 맞는 것으로 되어 있기 때문에 〈십장가〉라고 부른다. 이때의 저항은 주체가 곤경에 처했을 때 수세적인 자세에서 자신을 지켜내려는 최소한의 조치에 불과하다.

따라서 그런 저항은 외부를 향하고 있다기보다는 내부를 향하고 있다고 보는 것이 더 타당할 듯하다. 다시 말하면 약자의 저항은 상대방을 제압하려는 것이 아니라, 상대방에게 굴복하지 않으려는 스스로의 다짐이며 몸부림이라는 말이다. 그래서 서슬은 절규에 가장 가깝다.

이렇게 봤을 때 박초월의 소리에 '서슬이 있다'는 것은 그의 소리가 쉽게 굴복하거나 포기하지 않는 약자의 저항 정신을 담고 있다는 말이 된다. 이것이 바로 박초월, 혹은 우리 여창 판소리가 발견한 서민 정신의 음악적 형식이다.

박초월 소리의 이러한 특성은 그가 사용하는 언어에서도 잘 드러난다. 다음 예문은 서두에서 말한, 박초월이 부른 〈춘향가〉의 한 부분이다.

판소리 한 대목 박초월의 〈춘향가〉

중모리

"소녀 향단이 문안이오. 대감 마님 행차 후에 기체[1] 안녕 허옵시며, 서방님도 멀고 먼 길 노독[2]이나 없이 오시었소. 살려주오, 살려주오, 옥중 애기씨를 살려주오."

아니리

"향단아 그만 울어라. 네 이 서방님이 오셨으니, 이제는 아무 여한이 없구나. 닭

---
1) 기체(氣體): 몸과 마음의 형편이라는 뜻으로, 웃어른께 올리는 편지에서 문안으로 쓰는 말.
2) 노독(路毒): 먼 길에 지치고 시달려서 생긴 피로나 병.

잡고 찬수[3] 만들어, 서방님 팥진지[4] 즐겨허셨드니라, 그 진지 지어 올리고, 촛불이 급허구나. 촛불 좀 가지고 오너라." "장모 촛불은 뭐할라고 그러시오." "오래간만에 온 사우[5] 얼굴을 좀 보아야겄는디, 옥수발[6]을 허니라고 눈이 침침해서 도무지 볼 수가 있어야제." "아, 내일 밝은 날 보시오."

창조[7]
"자네는 대장부라 속이 넉넉하여 그러지만은, 나는 밤낮으로 우리 사우 기둘리고 바래든 예쁜 얼굴 예전대로,"

아니리
"그대로 있는가 좀 보아야겠네." "꼭 보실라요?" "아먼, 보아야제." "자, 그럼 보시오."

창조
춘향 어머니가 촛불을 들고 사우 얼굴을 물그럼이 바라보더니, "허허!"

중모리
"잘되었네. 잘되었네. 열녀 춘향 신세가 잘되였네. 책방으 계실 적에 보고보고 또 보아도 귀골[8]로만 삼겼기에,[9] 천 번이나 만 번이나 믿고 믿고 믿었더니, 믿었던

---
3) 찬수(饌需): 반찬거리가 되는 것.
4) 팥진지: 팥밥. 팥을 넣어 지은 밥.
5) 사우: 사위.
6) 옥수발: 옥에 갇힌 사람을 위해 여러 가지 시중을 듦.
7) 창조: 장단은 없지만 노래하듯이 부르는 부분을 가리키는 말.
8) 귀골(貴骨): 앞으로 귀한 사람이 될 모습.
9) 삼겼기에: 생겼기에.

일이 모두 다 허사로구나. 설마설마허였더니, 설마가 사람을 죽이네그려. 내 정성이 부족하야 이 모냥이 되었는가. 하나님이 노천[10]이 되어 생각이 없어서 이러는가."

창조
"아이고 이놈의 칠성단을 두어 무엇에 쓰잔 말이냐."

아니리
"장모 날로 봐서 참게. 이리 와 내 말 들으시오." "속담에 미운 놈 똥 싸감선[11] 우죽거리더라고[12], 제 말을 들으라고? 어서 가소. 보기 싫네." "아 오래간만에 온 사우 밥 좀 안 줄라우?" "밥? 자네 줄 것이 있으면 내 속곳에다 풀 좀 해 입고 살겄네." "그러면 거 춘향이나 좀 뵈어 주시오." "춘향이 죽고 없네." "내나[13] 아까 춘향이 살려달라고 빌고 울음 울고 야단나더니, 그 춘향이 어쨌단 말씸이오?" "야, 이 사람아, 속 좀 챙기소. 춘향이가 자네 모냥을 보면 이 밤도 새지 못허고 기절을 헐 것이네." "그건 모르는 말씀이오. 장모 마음허고 춘향 마음허고 다 다를 것이오." 향단이 마참[14] 서 있다. "서방님 파루[15]나 치거든 가사이다." "오, 또 파루를 쳐야 가냐?"

위 예문에서 두드러지는 특성은 사투리와 속어를 적극적으로 사용했다

---

10) 노천(老天): 늙은 하느님.
11) 싸감선: 싸가면서.
12) 우죽거리더라고: 무슨 일이라도 있는 것처럼 계속 어깨나 몸을 흔들며 바쁜 듯이 걸어가더라고.
13) 내나: 내내.
14) 마참: 마침.
15) 파루(罷漏): 조선조 때, 서울 같은 큰 도시에서 새벽 네 시에 큰 종을 서른세 번 쳐서, 그 전날 밤 열 시쯤부터 닫았던 성문을 열고 통행금지를 풀던 신호.

창극 〈춘향전〉 중 어사와 장모. 남원시립국악단 공연

는 점이다. 판소리는 전라도 사투리로 되어 있기 때문에 누구나 전라도 사투리로 부른다. 그러나 여자 소리꾼은 다른 사람이 알아듣기 어려울 정도로 지나친 사투리는 사용하지 않는 경우가 많다. 특히 김소희처럼 우아한 여성적 판소리를 추구하는 소리꾼은 표준어 사용의 폭이 더 넓다. 그런데 박초월은 남원 지방의 사투리를 적극적으로 구사하고 있다. 의식적으로 표준어로 바꾸었다든가 하는 구절이 하나도 눈에 띄지 않는다. 게다가 "속담에 미운 놈 똥 싸감선 우죽거리더라고" "밥? 자네 줄 것이 있으면 내 속곳에다 풀 좀 해 입고 살겠네" 등의 표현에서 사용한 속어는 박초월이 여자 창자임을 감안하면 의외로 느껴지기까지 할 정도이다. 여창은 남창에 비해 속어나 비어, 그리고 육담 등을 거의 사용하지 않는 것이 보통이다. 그래서 여창이 주류를 이루는 현대 판소리에서는 속어나 비어, 육담이 많은 〈홍보가〉가 전승에서 약세를 면치 못할 정도이다. 여창이 늘어나면서 판소리는 우아하고 점잖은 내용으로 많이 바뀌었는데, 박초월은 이러한 일반적인 흐름과는 명백히 궤를 달리하고 있는 것으로 보인다.

박초월 판소리의 이러한 특성은 '서민 지향성'이라고 이름 붙일 만하다. 박초월의 소리가 서울보다는 지방에서, 그것도 일반 서민 청중에게 더욱 인기를 끌었던 이유도 바로 이 때문이다. 그런데 여기서 중요한 것은, 서민 지향적인 소리가 자칫 지나친 슬픔으로 인해 빠지기 쉬운 패배주의의 함정을 벗어나고 있다는 점이다. 그것은 박초월 소리의 서슬 덕분에 가능한 일이었다.

키워드 속 키워드 3

연수전중용하기

당시 소리꾼들이 돈을 얼마나 받았는지 알려주는 자료가 최근 규장각에서 발견된 '연수전중용하기宴需錢中用下記'에 나온다. 이는 전라감영에서 작성한 문서로, '을유乙酉 구월九月'이라는 작성 시기가 기록되어 있는데, 을유년은 1885년고종 22이므로, 문서는 이해 9월에 작성된 것으로 보인다. '하기'란 금전 출납에 관한 사항을 기록한 것이므로, 이 문서는 전라감영에서 잔치를 하고 지출한 내역을 기록한 문서로 보인다.

> 창부唱夫 이날치李捏致 오십냥五十兩
> 사악악공마세賜樂樂工馬貰 일백사십사냥一百四十四兩
> 경래경창동京來京唱童 이명二名 이백냥二百兩
> 장재백張在白 오십냥五十兩
> 향창부鄕唱夫 사명四名 이백냥二百兩
> 김세종金世宗 일백냥一百兩
> 공인工人 육명六名 일백이십냥一百二十兩

여기에는 이날치, 김세종, 장재백 등 세 명의 소리꾼이 등장한다. 그리고 이들 외에도 이 고장 소리꾼향창부鄕唱夫 네 명이 초청된 것으로 보인다. 이날치와 김세종은 동시대 사람이며, 장재백은 김세종의 제자이다. 그런데 김세종은 백 냥을 받고, 이날치와 장재백은 오십 냥을 받았다. 다른 네 명의 향창부도 한 사람당 오십 냥을 받았다. 이로 보아 김세종

연수전중용하기

에 대한 평가를 짐작할 수 있다. 장재백은 김세종의 제자이기 때문에 절반을 받았다면 쉽게 이해가 된다. 그러나 이날치는 서편제 소리를 대표하는 대명창이었는데도 김세종의 절반밖에 받지 못한 것을 보면, 이날치에 대한 당대의 평가가 그리 높지 않았음을 짐작할 수 있다. 백 냥의 가치는 얼마나 될까? 19세기에는 돈을 계산할 때, 나락 한 섬을 석 냥으로 계산한다고 한다. 나락 한 섬을 쌀 한 가마로 본다면, 백 냥은 쌀 서른세 가마 정도의 가치를 갖고 있다. 요즘 시세로 쌀 한 가마를 15만 원으로 치면, 김세종이 받은 돈은 500만 원에 해당하는 금액이다.

키워드 속 키워드 4

남원 판소리를 이은 장재백의 가문

장재백은 남원 판소리 역사에서 대단한 위치를 차지하는 사람이다. 남원의 판소리는 가왕 송흥록으로부터 시작한다. 그런데 그의 동생 송광록이 구례로 이사하면서 남원의 판소리는 맥이 끊길 위기에 처한다. 이때 남원의 판소리를 이은 사람이 바로 장재백과 그의 가문이다. 장재백의 누이 장주이는 유성준의 처이다. 유성준은 송만갑의 아버지인 송우룡의 제자로 〈수궁가〉와 〈적벽가〉를 잘 불러서 후대에 전한 사람이다. 유성준의 제자로는 임방울, 김연수, 정광수, 박동진 등이 있다. 이들의 면면을 보면 유성준의 소리가 현대 판소리에 끼친 공적을 이해할 수 있을 것이다.

유성준의 여동생 유준은 김정문의 어머니이며, 김정문의 처 장봉선은 장재백의 막내 동생인 장봉순의 손녀이다. 김정문은 송만갑의 제자로 남원 판소리를 대표하던 사람이다. 강도근, 박녹주, 박초월이 그의 제자이다. 장봉선의 언니 장봉임은 전라북도 문화재였던 성운선이 어머니이며, 장재백의 조카 장득진은 이화중선의 남편으로, 이화중선을 가르친 사람이다.

김정문 이후 남원 판소리를 대표하던 명창 김영운은 김정문의 조카이녀, 강도근의 매형이기도 하다. 강도근의 집안에서는 또 여러 명의 명인 명창이 배출되었다. 강도근과 관련이 있는 명인 명창으로는 대금 국가 지정 무형문화재 강백천, 판소리 명창이자 가야금병창 국가 지정 무형문화재 안숙선, 판소리 명창 강산홍과 강정숙, 가야금산조의 명인 강순영 등이 있다. 이러한 사실을 통해 보면 장재백의 가계가 남원과 순창 일원의 판소리 명창들과 혈연으로 이어지면서, 이 지역 판소리를 면면히 이어왔다는 사실을 확인할 수 있다.

장재백의 후손 중 그의 증손녀인 장녹운은 1970년대까지 전주에서 활동하며 전주를 대표하던 소리꾼 중 한 명이었다. 장녹운은 명무에 명창이었는데 소리를 그만두고 어렵게 살다가 별세하였다. 말년의 장녹운은 상청이 잘 나지 않았지만, 공력만은 대단했다. 〈춘향가〉 중에서 어사와 장모가 상봉하는 데를 기막히게 잘하였다. 춤도 잘 추어 국립극장 명무전에 초대되기도 했다.

키워드 속 키워드 5

판소리 최고 히트곡〈쑥대머리〉는 누가 만들었나?

〈쑥대머리〉는 임방울의 출세작이자 우리나라 판소리의 최고 히트곡이다. 흔히〈쑥대머리〉는 임방울이 만든 것으로 알려져 있다. 임방울에 의해 이 노래가 알려졌으니 그렇게 말한다고 해도 크게 틀린 것은 아니다. 그러나 임방울 이전에도 이 소리가 불렸을 가능성을 시사하는 증거들이 있다.

가장 오래된 기록은 신재효본〈춘향가〉이다. 신재효〈춘향가〉에는 이와 똑같은 사설이 실려 있다. 이로 보아〈쑥대머리〉는 임방울이 창작하지 않았음을 알 수 있다.

임방울 이전의 소리로는 정광수가 펴낸 『전통문화 오가사전집』에 있는 김창환 바디〈춘향가〉에〈쑥대머리〉가 보인다. 정광수는 춘향이 변사또에게 형장을 맞은 뒤 하옥되어 세월을 보내는 대목에서, "여기에 다른 춘향전은 몽중가로 나오고 김창환 의관 가사에는 동풍가로 하겠다"고 하면서,〈동풍가〉와〈쑥대머리〉를 적어놓고 있다. 그렇다면 김창환 바디〈춘향가〉에는 본래〈쑥대머리〉가 있었다는 말이다.

정광수는 2001년 8월 8일 서울 수락산 하림사에서 필자와 대담하는 중에도〈쑥대머리〉는 임방울이 김창환 바디에 있는 가사를 가져다가 만들었다고 하였다. 정광수의 증언에 의하면, 사설은 김창환 바디의 것을 썼지만, 음악은 임방울이 만들어서 불렀다고 할 수 있다.

그렇다면〈쑥대머리〉는 임방울 개인의 완전한 창작으로 볼 수 있는가? 그러나 김창환 바디에 사설이 있었다면, 음악도 당연히 있었다고 보아야 할 것이다. 부르지도 않는 사설이 소리꾼의 사설에 들어 있을 리가 없기 때문이다. 그러나 비록〈쑥대머리〉가 이미 존재하고 있었다 해도 임방울이 이를 전승되던 형태대로만 불렀던 것은 아니라고 보아야 한다. 〈쑥대머리〉가 임방울에 의해 대단한 인기를 얻은 것은 임방울 나름대로의 창작이 덧보태졌기 때문일 것이다. 이러한 방식, 곧 전승되던 것을 변화시켜 변이형을 창조하는 방식이 판소리와 같은 구두전승예술의 창조 방식이다.

키워드 속 키워드 6

근대 5명창

19세기 후반에 태어나서 1930년대까지 활동한 소리꾼 중에서 이 시대를 대표할 만한 소리꾼을 가리킨다. 근대 5명창에 드는 소리꾼은 박기홍, 김창환, 김채만, 송만갑, 이동백, 김창룡, 유성준, 전도성, 정정렬 등인데, 이렇게 많은 소리꾼이 근대 5명창에 드는 이유는 사람마다 드는 사람이 다르기 때문이다. 현대 판소리는 근대 5명창이 부르던 판소리에 뿌리를 두고 있다.

근대 5명창 중 송만갑, 이동백, 김창룡, 정정렬(왼쪽부터)

맺음말

진정한 소리꾼을 기다리며

판소리를 부르는 사람이 소리꾼이다. 그런데 판소리를 아주 잘 불러서 유명한 사람은 명창이라고 한다. 소리꾼이 혹독한 훈련을 견뎌내고 도달하려는 궁극의 목표는 명창이 되는 것이다. 예전에는 명창이 되면 부와 명예가 뒤따랐다. 천민 신분임에도 불구하고 벼슬을 받기도 했다. 벼슬을 받을 정도의 소리꾼이라면 부는 자연히 따라오는 것이나 다름없었다. 그랬기에 광대들은 명창이 되기 위해 오랜 세월 동안 고통을 참아냈던 것이다.

그런데 명창은 어떻게 되는 것일까? 그냥 노력만 많이 하면 되는 것일까? 명창은 '소리를 잘한다'는 평판을 통해서 인정받는데, 문제는 그 '잘'이 어떻게 하는 것을 가리키는가는 사람에 따라, 시대에 따라 달라진다는 점이다. 예전에는 대개 목소리가 큰 것을 선호했던 것 같다. 그래서 검붉은 선지피를 거의 서너 동이나 토하고 목소리가 폭포 밖으로 튀어나가게 되었다든가,[37] 덜미소리크고 높은 소리를 배 속에서 바로 위로 뽑아내는 소리를 실내어 십 리 밖까지 들리게 하였다든가,[38] 목소리가 터지면서 절이 무너지는 듯한 소리를 냈다든가[39] 하는 표현이 등장한다. 초창기 판소리는 주로 야외에서 공연하였다. 그러니 자연 많은 청중에게 잘 들릴 수 있도록 큰 목소리를 내는 게 중요했을 것이다.

그러나 정말 목소리만 크면 명창이 될 수 있다고 믿는 사람은 없을 것이다. 앞에서 이미 충분히 말한 것처럼 신재효가 광대의 구비요건으로 든 것은 인물, 사설, 득음, 너름새였다. 이 중에서 인물은 타고나는 것이기 때문에 어쩔 수 없다고 하였다. 사설과 득음과 너름새는 결국 표현 방식이다. 그런 의미에서 보면 사설은 내용, 득음과 너름새는 형식에 주로 관계하는 것으로 보인다. 결국 소리꾼은 어떤 내용을 어떤 형식에 담을 것인가 하는 문제에 직면할 수밖에 없다.

어떤 내용을 어떤 형식에 담아야 명창이 되는가에 대한 답은 간단하지 않다. 구체적인 문제에 대해서는 아예 답을 내놓을 수도 없다. 그 답을 알고 있었다면 판소리가 이런 위기에 처하지 않았을 것이다. 원론적인 수준이기는 하지만 한 가지 방법으로 판소리의 본질에 비추어 해답을 찾아볼 수 있다.

판소리는 구비전승예술이다. 그러므로 정해진 악보, 곧 기록이 없다. 구비전승된다는 말은 기록이 없이 기억에 의해 전해진다는 말이다. 흔히 판소리를 하는 사람들 사이에서는 구전심수口傳心授, 입으로 전해주고 마음으로 가르친다라는 말을 쓰는데, 이는 이러한 상황을 가리키는 말이다. 악보가 없이 구비전승되는 음악을 민속음악이라고 하는데, 민속음악은 현재를 과거와 연결해주는 계속성continuity, 개인과 집단의 창조적 충동으로부터 발생하는 변이variation, 지금까지 남아 있는 음악의 형식을 결정하는 공동체에 의한 선택selection이라는 특성을 갖는다고 한다.[40] 일단 이러한 민속음악의 본질적 속성을 잘 구현한 사람이어야만 명창의 자격이 있다고 할 수 있다.

위에서 든 민속음악의 본질적 속성에 비추어 보면, 소리꾼이 부르는 판소리는 계속성을 갖추고 있어야 한다. 계속성은 동일성의 다른 이름이다. 그러니까 판소리가 계속성을 갖고 있다면, 시간의 흐름 속에서도 변하지 않고 유지되는 특성을 갖고 있다는 말이 된다. 계속성은 판소리 창자가 스승으로부터 구전심수로 판소리를 배울 때 갖추게 된다. 그다음으로 변이가 있어야 한다. 변이는 이전의 것과는 달라진 점이다. 그러니까 명창이 되려면 스승으로부터 배운 것과는 다르게 불러야 한다. 이는 소리꾼의 창조적 충동의 발현이다. 창조적인 사람은 절대 배운 대로만 부르지 않는다. 판소리가 악보 없는 구두전승예술이라는 점이 변이를 가능케 한다. 변이는 민속음악이 창조성을 발휘하는 수단이기도 하다. 계속성은 동일성을 유지하게 하는 힘이고, 변이는 동일성으로부터 벗어나려 하는 운동이다. 그러니까 판소리를 비롯한 구두전승예술은 계속성이라는 구심력과 변이라는 원심력 사이의 긴장 속에 존재한다. 마지막으로 들고 있는 것이 공동체에 의한 선택이다. 판소리가 존재하고 있는 공동체 속에서 청중에게 선택을 받아야만 살아남는다는 말이다. 이를 다시 정리해보자. 판소리 창사는 일단 전통적인 판소리를 스승으로부터 배운다. 다음에 그는 자기 나름의 판소리를 만들기 위해 변화를 시도해야 한다. 그렇게 해서 자기 나름의 판소리를 만들면 공동체의 선택을 받아야 한다. 곧 청중의 호응을 얻어야 한다는 말이다. 변이를 통해서 창조한 다음 청중의 선택을 받아 최종적으로 살아남은 판소리를 우리는 '더늠'이라고 부른다. 그렇다면 일단 명창은 자기의 더늠이 있는 소리꾼이라고 할 수 있다.

그런데 여기서 가장 어려운 것이 공동체의 선택을 받는 일이다. 아무리 좋은 것을 만들었다고 해도 청중이 받아들여주지 않으면 소용없다. 개인이 창조를 하면 공동체는 그것을 선택한다. 그런데 사회문화적 변화에 따라 청중의 기호는 변한다. 예컨대 일제강점기 이전의 판소리 청중은 슬픈 소리나 발성의 변화가 심한 소리를 별로 좋아하지 않았다. 일제강점기에 일급 대우를 받은 김창룡이나 이동백의 판소리는 슬프지도 않고, 발성의 변화가 심하지도 않다. 지금 들으면 상당히 낯설게 들린다. 그래서 결국은 전승에서 사라졌다. 같은 일급 대우를 받았지만 세속화된 소리를 한다고 비난을 받았던[41] 송만갑의 소리는 지금 들어도 어색하지 않다. 송만갑의 소리 중에서 〈수궁가〉와 〈흥보가〉가 아직도 전승되고 있는 것은 이 때문이다. 일제강점기에는 2급 대우밖에 받지 못했고, 정노식이 끝내 대가로 인정하지 않았던 정정렬의 소리는 지금 들어도 전혀 낯설지가 않다. 정정렬의 〈춘향가〉는 현대 〈춘향가〉에서 중심적인 역할을 하고 있다. 송만갑이나 정정렬의 소리가 현대에도 살아남을 수 있었던 것은 전통에 안주하지 않고 슬픈 소리와 변화 많은 발성을 통해서 변화하는 청중들의 기호에 적응했기 때문이다. 그중에서도 정정렬은 "30년 앞을 내다보고 소리를 했다"는 말을 듣는데, 이는 정정렬이 미래 청중의 기호 변화를 미리 파악하여 그에 맞는 소리를 했다는 뜻이다. 그랬기 때문에 정정렬의 소리는 지금까지 왕성하게 불리는 것이다.

이동백, 김창룡, 송만갑, 정정렬은 다 명창이다. 이미 당대에 청중의 선택을 받아 대단한 인기를 얻었기 때문이다. 다만 이동백과 김창룡은 과거지향적 명창이었던 데 반해 송만갑은 현재에 충실한 명창이었다고 할 수 있다. 그리고 정정렬은 가장 미래지향적인 명창이었다. 그랬기에 생전에는 최고 대우를 받지 못했지만 사후에 중요성이 더해가는 명창이 되었다.

그렇다면 요즘의 판소리는 어떤가? 일단 원형을 유지하는 데 급급한 게 현실이다. 판소리는 1964년부터 국가의 정책적 보호를 받기 시작했다. 문화재보호법의 제1조 목적에서는, "이 법은 문화재를 보존하여 민족문화를 계승하고 이를 활용할 수 있도록 함으로써 국민의 문화적 향상을 도모함과 인류문화의 발전에 기여함을 목적으로 한다"고 하였다. 문화재 보호의 첫째 목적이 보존과 계승에 있다는 것을 이 법은 천명하고 있다. 그러므로 이 법에 근거하여 지정된 무형문화재 예능보유자들의 지정 기준은 원형을 얼마나 잘 보존하고 있느냐에 집중되어 있다. 판소리는 원형을 유지하는 것뿐만 아니라, 변이를 창조함으로써 변화하는 환경에 적응해야만 생존할 수 있다. 그런데 보존과 계승이 원활히 이루어지지 않고 있다는 것은 판소리가 완전히 전승의 활력을 잃었다는 것을 의미한다.

그렇게 된 원인은 무엇인가? 청중의 선택을 받지 못했기 때문이다. 물론 20세기 이후 우리의 사회문화적 환경은 너무나 빠른 변화를 겪었다. 물밀듯이 밀려들어오는 서구문화에 밀려 판소리는 뒷전으로 물러나고 말았다. 그렇다고 하더라도 판소리가 청중의 선택을 받지 못한 것은 결과적으로 진정한 명창을 배출하지 못했기 때문이다. 사물놀이를 보자. 사물놀이는 농악에서 나온 것이다. 농악 또한 판소리처럼 전승 탈락의 위기를 맞았다. 그러나 농악은 몇몇 뛰어난 예술가들에 의해 사물놀이로 재탄생했고, 지금은 세계를 무대로 뻗어가는 예술이 되었다. 사물놀이는 농악의 변이형이다. 물론 상당히 과격한 변이형이다. 농악은 변이형의 창조를 통해 살아남은 것이다. 판소리에서도 이런 일을 할 수 있는 소리꾼이 나와야 한다.

판소리는 위기에 처해 있다. 판소리의 위기가 깊어질수록 진정한 소리꾼에 대한 기대 또한 더욱 깊어질 수밖에 없다.

부록

우리 명창 사전

강도근 1918~1996
1918년 전북 남원시 향교동 435번지에서 출생하였다. 예명은 맹근孟根이다. 김정문과 송만갑으로부터 〈흥보가〉, 유성준으로부터 〈수궁가〉를 배웠다. 서울, 목포, 전주, 익산, 여수, 순천, 부산 등지의 국악원 창악 강사를 거쳐, 1973년 이후 남원에 머물며 제자를 양성하였다. 강도근은 송만갑에서 김정문으로 이어지는 동편제 판소리 철성鐵聲의 전통을 가장 충실히 계승한 사람으로 평가되어 1988년 김정문바디 〈흥보가〉로 무형문화재 지정을 받았다. 안숙선, 강정숙, 전인삼, 이난초 등의 제자를 두었으며, 〈흥보가〉 중 '제비노정기', '흥보 박타는 대목'이 장기이다.

권삼득 ?~?
전북 완주군 용진면 구억리 출생이다. 아버지 권래언은 향반인데, 아들 삼득이 소리하는 것을 평생 동안 근심하여, 자신의 당호를 이우당二憂堂, 두 가지 근심이 있는 집이라고 했다. 권삼득은 19세기 전반에 활동한 전기 8명창 중 한 사람으로, 타고난 고운 목으로 〈흥보가〉를 잘했다고 한다. 권삼득은 설렁제, 덜렁제 혹은 권마성제라고 하는 선율을 개발했는데, 도약 선법을 사용하는 것이 특징이다. 이 덜렁제는 지금도 판소리의 곳곳에서 쓰이고 있다. 〈흥보가〉 중 '놀보가 제비 후리러 가는 대목'이 그의 더늠이다.

김성옥 ?~?
충남 논산시 강경읍 출신으로 후에 여산으로 이사하여 살다가 별세했다고 한다. 가왕으로 일컬어지는 송흥록과 처남매부지간인데, 중고제 판소리의 시조이다. 학슬풍(무릎 관절염)으로 누워 지내면서 진양조 장단을 만들었다고 한다. 삼십여 세에 요절했으며, 그의 소리는 아들인 김정근을 통해 전승되었다.

김세종 ?~?
전북 순창군 인계면 복실리 출생이다. 남원 운봉에 살던 가왕 송흥록에게 소리를 배우러 갔다가, 김씨 문중 소리도 훌륭하니 그것을 하라는 말을 듣고 돌아와 노력하여 대가가 되었다고 한다. 그래서 김세종의 소리는 송흥록과는 계통을 달리하는 동편제 소리로 인정받고 있다. 19세기 후반에 활동했던 후기 8명창 중 한 사람이며, 신재효 당년에 신재효의 사랑에서 소리 사범 노릇을 한 것으로 유명하다. 신재효의 영향을 받아 판소리에서 너름새의 중요성을 강조했으며, 이론에 강했다. 전라감영의 잔치 기록인 '연수전중용하기'에, 이날치, 장재백과 함께 참여하고 100냥을 받은 기록이 남아 있다. 장재백, 이동백, 이선유, 성민주 등의 제자를 두었으며, 여창 허금파를 길러냈다. 〈춘향가〉를 잘했으며, 그의 더늠은 '천자뒤풀이'이다. 그가 불렀던 〈춘향가〉는 '보성소리'로 흘러들어 전라남도 일대를 중심으로 활발하게 전승되고 있다.

김소희 1917~1995
전북 고창군 흥덕면 출생으로, 본명은 순옥順玉, 아호는 만정晩汀이다. 15세 때부터 송만갑에게 〈춘향가〉〈심청가〉〈흥보가〉를 배웠으며, 정읍 태인 사람인 전계문으로부터 가곡과 시조, 정영인으로부터 무용, 김종기로부터 가야금을 배웠다. 또 우전 신호열로부터 서예와 한학을 배우기도 했다. 정정렬로부터 〈춘향가〉, 박동실과 정응민으로부터 〈심청가〉를 배운 뒤, 자기 나름대로 〈춘향가〉와 〈심청가〉를 다시 짜서 김소희 바디를 만들었다. 판소리에서 우아함을 추구하여 우리나라 여창 판소리의 한 정점을 이루었다는 평가를 받는다. 1964년 김연수, 박초월 등과 함께 우리나라 최초로 중요무형문화재로 지정되었으며, 대표적인 제자로는 안행련, 안숙선, 신영희, 박계향, 오정해 등이 있다.

김여란 1907~1983

충청북도 옥천군에서 태어났으나, 아버지의 고향인 전북 고창군 성내면에서 자랐다. 아호는 향곡香谷이다. 열 살 되던 해에 근처의 김비취로부터 시조와 가곡 등을 배우기 시작하여, 김창환의 아들인 김봉이로부터 〈심청가〉를 배우고, 정정렬로부터 7년간 〈춘향가〉〈적벽가〉〈심청가〉를 모두 배웠다. 1929년에 대구에서 판소리 발표회를 하고, 빅터레코드와 계약하여 음반을 취입하기도 하고 라디오에 출연하기도 했다. 여류명창으로는 드물게 판소리를 고수한 인물로, 한때 화랑창극단에 참여한 적도 있지만 이내 그만두고 판소리에만 전념했다. 우리나라 최초로 김소희, 김연수 등과 함께 1964년에 중요무형문화재로 지정되었다. 정정렬 바디 〈춘향가〉의 가장 충실한 계승자로, 박초선, 최승희에게 이 소리를 전했다.

김연수 1907~1974

전남 고흥군 금산면 거금도에서 출생했으며, 아호는 동초東超이다. 서울에서 중동중학교를 졸업하고 집에서 지내다가, 29세 때 유성준을 찾아가 〈수궁가〉 한 바탕을 배우고 난 뒤부터 소리꾼이 되었다. 1936에 상경하여 조선성악연구회에 입회하고 송만갑, 정정렬 등으로부터 〈흥보가〉〈춘향가〉〈적벽가〉 등을 배우고, 후에 이를 다시 정리하여 김연수 바디 판소리를 만들었다. 1936년 조선성악연구회 직속 창극좌의 대표가 되었고, 1940년에는 조선창극단, 1945년에는 김연수창극단을 만들어 창극운동을 주도하였다. 1957년부터 1960년까지 대한국악원장을 역임하였고, 1962년부터 국립국극단 장현 국립창극단장을 2회에 걸쳐 역임하였다. 1964년 우리나라 최초로 김소희, 박초월 등과 함께 중요무형문화재로 지정되었다. 1966년 문화공보부장관상국악공로상을 수상하고, 1967년에는 동아방송에서 판소리 다섯 바탕 전판을 녹음하여 140회에 걸쳐 연속 방송하였는데, 최근에 이 녹음이 음반으로 출시되었다. 1968년에는 국무총리상국악공로상을 수상하였다. 자신이 다시 짠 판소리 사설을 정리하여 『창본 춘향가』1967 『창본 심청가 · 흥보가 · 수궁가 · 적벽가』1974를 간행하였다. 목은 수리성으로 다소 궂은 편이나 정황에 맞는 아니리와 정교한 너름새로 유명하였으며, 극적인 현대 판소리를 완성한 사람으로 평가받는다.

김영자 1951~

대구광역시 출생이며, 아호는 성사聲史이다. 강종철과 임준옥으로부터 판소리를 배우기 시작하여, 정권진으로부터 〈심청가〉, 김소희로부터 〈심청가〉와 〈흥보가〉, 성우향으로부터 〈심청가〉와 〈춘향가〉, 정광수로부터 〈수궁가〉, 박봉술로부터 〈적벽가〉를 배워, 판소리 다섯 바탕 모두를 완창할 수 있는 능력을 갖고 있다. 1974년부터 1984년까지 국립창극단에서 활동하였으며, 1984년 남원 춘향제 전국명창대회 장원에 이어 1985년 전주대사습놀이 전국대회에서 장원을 차지하여 대통령상을 수상하였다. 1990년 중요무형문화재 제5호 〈수궁가〉 준보유자로 지정받았고, 2001년부터는 전주에 온고을소리청을 개원하고 전주에서 부군인 명창 김일구와 함께 활동하고 있다.

김일구 1940~

전남 화순군 이서면 출생이다. 공대일로부터 〈흥보가〉, 장월중선으로부터 〈심청가〉와 아쟁을 배웠다. 1979년 전주대사습놀이 전국대회 기악부에서 장원을 하였다. 1980년 박봉술로부터 〈적벽가〉를 이수하였으며, 1982년부터 20년 동안 국립창극단에서 활동하였다. 1980년에 경주 신라문화제에서 기악부 대통령상을 수상하였고, 1983년에는 전주대사습놀이 전국대회에서 장원에 올라 대통령상을 수상하였다. 1991년에 KBS 국악대상을 수상하였다. 1992년 박봉술 바디 〈적벽가〉로 무형문화재 보유자 후보로 지정받았으며, 현재 부인인 김영자와 함께 전주에서 온고을소리청 대표로 활동하고 있다. 기악과 성악에 두루 정통한 보기 드문 사람이다.

김정근 ?~?

충남 논산시 강경읍 출신으로 김성옥의 아들이며, 일제강점기에 활동했던 김창룡과 김창진의 아버지이다. 〈무숙이타령왈자타령〉을 잘했다고 하며, '삼궁접삼궁잽이'이라는 장단을 창시했다고 하는데, 삼궁접은 진양조 장단을 이르는 말이다. 진양조 장단은 김정근의 아버지인 김성옥이 만들었다고 하므로, 김정근은 진양조 장단을 만들었다기보다는 발전시켰다고 보는 것이 옳을 듯하다. 아들인 명창 김창룡과 김창진을 비롯하여 황호통, 이동백 등을 제자로 길러냈다.

김정문 1887~1935

전북 진안군 백운면 평장리 143번지에서 출생하였다. 1921년에는 임실군 성수면 도인리로 이사하였다가, 1931년 남원시 주천면 상주마을로 이사하였다. 유성준과 장재백의 생질이다. 처음 유성준으로부터 소리를 배우다가 제대로 하지 못한다고 혼이 난 후 송만갑의 고수가 되어 판소리를 배웠다. 경상남도 통영에서 김채만의 협률사를 구경하고, 김채만의 소리에 감명을 받아 김채만에게 찾아가 배운 뒤에 크게 이름을 날렸다. 따라서 김정문의 소리는 전형적인 동편제 소리에 서편제 소리의 기교가 혼합된 것이라고 할 수 있다. 〈흥보가〉 〈춘향가〉 〈심청가〉를 잘했으며, 〈육자배기〉에도 뛰어났다고 한다. 강도근과 박녹주 등의 제자를 통해 정통 동편제 〈흥보가〉를 후세에 전했다.

김찬업 ?~?

전북 고창군 흥덕면 출신으로 고종 때 활동한 소리꾼이며, 후기 8명창 중 한 사람으로 일컬어진다. 명창 김수영의 아들이며, 오끗준의 생질이다. 박만순의 지도를 받아 동편제 소리로 이름을 날렸다고 한다. 대원군의 총애를 받았으나, 후에 성대를 상하여 소리를 중단했다. 정응민에게 김세종의 〈춘향가〉를 전했는데, 이 〈춘향가〉는 정권진, 성우향, 조상현, 성창순 등에게 이어져 현대 판소리를 대표하는 〈춘향가〉가 되었다. 〈춘향가〉를 잘했으며, 그의 더늠은 〈수궁가〉 중 '토끼 화상 그리는 대목'이다.

김창룡 1872~1935

충남 서천군 장항읍 횡산리 출신으로 중고제 판소리의 시조인 김성옥의 손자이다. 부친 김정근에게 소리를 배운 후 이날치에게 지도를 받아 대성하였다. 성대가 좋아 매우 맑은 소리를 냈으며, 며칠 동안 소리를 해도 성대가 상하지 않았다고 한다. 근대 5명창 중 한 사람으로 〈춘향가〉 〈적벽가〉 〈심청가〉를 잘하여 많은 음반을 남겼다. 더늠은 〈심청가〉 중 '화조타령'과 〈석벽가〉 중 '심고초려'이다.

김창진 1875~?

충남 서천군 장항읍 횡산리 출신으로 김정근의 둘째 아들이며, 김창룡의 동생이다. 어려서부터 부친의 소리를 배웠으나, 자기 나름의 소리를 추구하였기 때문에 가문에서 쫓겨났다고 한다. 아주 느린 진양조가 특기였다. 〈심청가〉를 특별히 잘 불렀는데, 지방에만 있었기 때문에 널리 알려지지는 않았다.

박동진이 그의 〈심청가〉를 이었다.

김창환 1854~1939

전남 나주시 출신으로 이날치, 박기홍과 이종 간이며 근대 명창 임방울의 외삼촌이다. 정창업에게 판소리를 배워 서편제 판소리로 대성하였다. 1903년 우리나라 최초의 서구식 극장인 협률사의 주석을 맡았으며, 최초로 지방순회공연 단체인 협률사를 만들어 공연하였으나, 한일합병 이후에는 고향으로 돌아갔다. 1913년 후에는 다시 서울에서 활동하였다. 근대 5명창의 한 사람이며, 고종으로부터 의관 벼슬을 제수받았다. 〈흥보가〉를 잘했으며, '제비노정기'를 만들었다.

김채만 1865~1911

전남 화순군 능주읍 출신인데, 후에 광주 속골로 이사하여 살았기 때문에 '속골 명창'으로 일컬어진다. 이날치의 제자로서 본래 성음이 탁하여 오랜 노력 끝에 대성하였으며, 근대 5명창 중 한 사람으로 일컬어진다. 김창환과 그의 제자인 공창식, 박종원, 한성태 등과 함께 협률사를 조직하여 활동했다. 한일합병 이후 낙향하여 후배 양성에만 심혈을 기울였는데, 박영효가 특히 애호하였다고 한다. 김정문, 박동실, 박종원, 공창식, 박화섭, 한성태 등을 제자로 두었으며, 1911년 전남 강진에서 별세하였다. 목이 안 좋은 대신 각종 기교로 아기자기한 소리를 하였으며, 〈심청가〉를 특히 잘했다.

남해성 1935~

전남 광양시 출신으로, 본명은 봉화이다. 1952년 국악사 입단 이후 8년 동안 창극단 생활을 하다가, 김소희로부터 〈춘향가〉 〈심청가〉, 박초월로부터 〈수궁가〉, 조상현으로부터 〈심청가〉를 배웠다. 1970년부터 1981년까지 국립창극단에서 활동했으며, 1985년 남원 춘향제에서 대통령상을 수상하였다. 1981년 박초월 바디 〈수궁가〉로 무형문화재 보유자 후보로 지정받았다. 선천적으로 청아한 목을 타고났고, 박초월 문하에서 학습한 영향 때문인지 목을 걸걸하게 쓰지 않고 곱게 쓴다. 성음 곳곳에 박초월 스타일이 짙게 배어 있다.

모흥갑 ?~?

경기도 진위 또는 전북 김제시 죽산면 출생이라고 전한다. 서울대학교 박물관에 소장되어 있는 〈평양도〉라고 하는 8폭짜리 병풍에 능라도에서 소리하는 모습이 그림으로 남아 있다. 성음이 월등하게 맑고 아름다웠다고 한다. 전기 8명창 중의 한 사람이며, 〈적벽가〉를 잘했다. 평양 연광정에서 판소리를 할 때에 덜미 소리를 질러내어 10리 밖까지 들리게 하였다는 이야기가 전한다. 만년에 전북 전주군 난전면 귀동에서 여생을 보냈으며, 헌종 때 동지 벼슬을 받았다. 더늠은 〈춘향가〉 중 '이별가'인데, 이 곡조가 특이하여 '강산조', 혹은 '동강산조'라고도 한다.

박기홍 ?~?

전남 나주시 출신으로 이날치, 김창환과 이종 간이다. 일찍이 부모를 여의고 진주의 기생집에서 머슴살이를 하다가, 자기 부친과 절친했던 정춘풍을 찾아가 소리를 배워 대성했으며, 근대 5명창 중 한 사람이다. 박만순, 정춘풍 두 사람이 죽은 후에 동편 소리의 전통을 지키는 최고의 소리꾼으로 대접받았으며, 가선歌仙 또는 가신歌神으로 일컬어졌다. 소릿값을 정해놓고 소리를 했다고 하는 일화도 있다. 한쪽 눈이 기형으로 생겼었는데, 대원군이 그 눈을 도려내고 오수경烏水鏡 색안경을 하사했다고 한다. 〈춘향가〉와 〈적벽가〉를 잘 불렀으며, 더늠은 〈적벽가〉 중 '조조군사 설움타령'이다.

박동실 1896~1969

전남 담양군 담양읍 객사리에서 출생하였다. 김채만에게 배운 서편제 소리꾼으로, 1938년부터 4년간 전남 담양군 남면 지실 박석기의 초당에서 김소희, 임춘앵, 김녹주, 한애순, 장월중선, 박귀희, 한승호 등의 제자를 양성했다. 해방 직후 〈열사가〉'역사가'라고도 하는 창작 판소리를 만들었다. 6·25 때 공기남, 조상선 등과 함께 월북하여 인민배우가 되었으며, 1969년 사망했다. 〈춘향가〉 〈심청가〉 〈적벽가〉를 잘했으며, 〈심청가〉가 많이 전해졌는데, 박동실을 통해서 전해진 〈심청가〉는 서편제 판소리를 대표한다. 음반으로는 '흥보치부가'와 '초한가'가 남아 있다.

박동진 1916~2003

충남 공주시 장기면 무릉리 출신이다. 17세 때부터 판소리 수업을 시작하여, 김창진으로부터 〈심청가〉, 정정렬로부터 〈춘향가〉, 조학진으로부터 〈적벽가〉, 유성준으로부터 〈수궁가〉, 박지홍으로부터 〈흥보가〉를 배웠다. 1961년부터 국립국악원 국악사로 재직하면서 판소리를 연마하여, 1968년 최초로 다섯 시간 동안 〈흥보가〉 완창발표회를 열었다. 완창 판소리 공연은 이후 현대 판소리의 대표적인 공연 양식이 되었다. 1969년부터 해마다 한 바탕씩 다섯 바탕 완창 발표회를 가졌고, 소리가 전하지 않는 일곱 바탕과 〈성서 판소리〉 〈성웅 이순신〉 〈유관순〉 등의 창작 판소리도 발표하였다. 1973년 조학진 바디 〈적벽가〉로 무형문화재로 지정받았다. 1982년에 은관문화훈장을 받았고, 1989년에는 서울특별시 문화대상 음악부문을 수상하였다. 박동진은 현대 판소리의 부흥에 결정적인 공헌을 한 사람으로 평가받는다.

박녹주 1906~1981

경북 구미시 선산읍 출신으로 본명은 명이命伊, 아호는 춘미春眉이다. 12세 때 가선歌仙으로 일컬어지는 박기홍으로부터 판소리를 배우기 시작하였다. 이후 송만갑으로부터 〈적벽가〉, 정정렬로부터 〈춘향가〉, 김정문으로부터 〈심청가〉와 〈흥보가〉, 유성준으로부터 〈수궁가〉를 배웠다. 일제강점기부터 박초월, 김소희와 함께 가장 인기 있는 여자 소리꾼이었는데, 소설가 김유정이 짝사랑했던 일화로 유명하다. 조선성악연구회 창극좌, 국극사 등에서 활동했으며, 1965년 〈흥보가〉로 중요무형문화재로 지정받았다. 목소리가 굵어 남성적인 맛이 나는 판소리를 하였다.

박만순 1818~1886

전북 정읍시 고부면 수금리에서 출생했으나, 남원 운봉과 경상남도 안의에서도 기거했다. 후기 8명창 중 한 사람이며, 송흥록의 제자로 전기 8명창 이후 최고의 동편제 소리꾼으로 알려졌다. 성음은 양성이고 창조는 우조를 주로 하였다고 하는데, 소리를 한번 내지르면 그 세세통상성가성을 쓰지 않고 통성으로 내는 가늘고 높은 소리가 반공에서 떨어져 내려오는 듯하였다고 한다. 〈춘향가〉 중 '사랑가', '옥중가'와 〈적벽가〉 중 '화용도' 등을 잘 불렀는데, 그의 더늠은 '춘향몽유가'이다.

박봉술 1922~1989

전남 구례군 용방면 중방리 출신이다. 일곱 살 때부터 친형인 박봉래로부터 판소리를 배웠으며, 열세 살 때부터는 이선유에게 5년간 지도를 받았다. 1940년 동일창극단에 입단하여 활동하였다. 판소리를 수련하다가 성대를 상하여 한때 판소리를 포기했으나, 끈질긴 노력으로 암성이라는 발성을 개발해서 소리를 계속하였다. 1953년 순천국악원, 1958년 부산국악원을 설립하여 활동하다가, 1970년 상경하여 서울에서 활동하였다. 전형적인 동편제 창법을 구사하며, 1973년 〈적벽가〉로 무형문화재 지정을 받았다. 박봉술의 〈적벽가〉는 현대 〈적벽가〉 중에서 가장 훌륭한 것으로 알려져 있으며 전승자 또한 가장 많다.

박송희 1927~

전남 화순군 출신으로 본명은 정자이다. 15세 때부터 안기선으로부터 〈흥보가〉, 박동실로부터 〈심청가〉를 배웠으며, 해방 이후 햇님국극단에서 활약하였다. 1967년 김소희로부터 〈심청가〉, 1970년 박녹주로부터 〈흥보가〉를 배웠다. 1983년부터 1995년까지 국립창극단에서 활동했으며, 1986년 KBS 국악대상과 국립극장 공로상을 수상하였다. 1988년 박녹주 바디 〈흥보가〉로 무형문화재 보유자 후보로 지정되었다가, 2002년 무형문화재가 되었다.

박유전 ?~?

전북 순창군 출신으로 고종 때의 명창이며, 서편제 판소리의 시조이다. 후기 8명창 중 한 사람이며, 대원군의 애호를 받았다. 〈새타령〉이 장기인데, 대원군이 그의 소리를 듣고서 "네가 제일강산이다"라고 한 데서 호를 '강산'이라고 했다 하며, 대원군이 오수경과 금토시를 하사했다고 한다. 대원군 실각 후 정재근을 따라 전남 보성으로 가서 활동하다가 별세하였다. 〈적벽가〉 〈심청가〉를 잘했으며, 더늠은 〈춘향가〉 중 '이별가'이다.

박초월 1917~1983

전남 순천시에서 출생하여 남원시 운봉읍에서 성장하였다. 호는 미산(米山)이다. 열두 살 때 김정문으로부터 〈흥보가〉를 배우기 시작하면서 판소리에 입문하였다. 송만갑으로부터 〈춘향가〉 〈심청가〉 〈수궁가〉를 배우고 나서 명성을 날리게 되었다. 박봉래와 박중근으로부터 〈춘향가〉, 유성준으로부터 〈수궁가〉, 오수암으로부터 〈흥보가〉를 배웠다. 1933년 상경하여 조선성악연구회에 입회하고, 1939년 동일창극단으로 옮겨 박귀희와 짝이 되어 주인공 역을 도맡았다. 1955년에는 박귀희와 함께 대한민속예술원을 창립하고 초대 이사장을 맡았으며, 1966년부터 자택에 156위의 판소리 명창의 신주를 모시고 매년 제사를 모셨다. 1967년 유성준 바디 〈수궁가〉로 무형문화재 지정을 받았다. 1979년 서울시 문화상을 수상했다. 일제강점기부터 김소희, 박녹주와 함께 여자 판소리를 대표하는 대명창이었는데, 특히 계면조의 슬픈 가락과 서슬 있는 소리로 유명하였다.

방만춘 1825~?

충남 서산시 해미읍 출신이다. 11세 때 해미군 일락사에 가서 소리공부를 시작하여 약 10년간을 꾸준히 계속했는데, 〈적벽가〉를 전공하였다고 한다. 공부를 마친 뒤 22세 때 서울로 와서 처음으로 성명을 드날렸으며, 황해도 봉산읍 음률가로 시문에 소양이 있는 사람과 같이 〈적벽가〉와 〈심청가〉를 고전에서 윤색하여 개작하였다. 전기 8명창 중 한 사람이며, 아귀상성, 살세성으로 유명했다. 〈적벽가〉를 잘 불렀으며, 더늠은 〈적벽가〉 중 '화공'이다.

배설향 1895~1938

경남 양산군 기장면 출신이다. 미인인 데다가 성음 또한 맑고 아름다웠다. 어려서부터 장판개 명창을 사사하여 소리공부를 하였는데, 5년의 수련으로 판소리의 본질을 터득한 뒤, 1915년에 상경하여 스승과 같이 극장 장안사와 연흥사에 참여하여 여류 명창으로서 명성을 크게 떨쳤다. 김초향, 이화중선과 함께 당대 최고의 여창으로 군림했다. 장기는 〈흥보가〉 중 '박타령'이다.

성우향 1935~

전남 화순군 출신으로, 본명은 판례이다. 일곱 살 때 안기선 문하에서 판소리에 입문하였다. 정응민으로부터 〈춘향가〉 〈심청가〉, 박초월로부터 〈수궁가〉, 박녹주로부터 〈흥보가〉를 배웠다. 동일창극단, 임방울창극단 등에서 활동하였으며, 1977년 전주대사습놀이 전국대회에서 장원을 하였다. 1988년 KBS 국악대상을 수상하였고, 1988년 김세종 바디 〈춘향가〉로 무형문화재 보유자 후보가 되었고,

2002년 무형문화재로 지정되었다. 성우향은 일찍부터 명창으로 이름을 날렸는데, 처음에는 박초월의 판소리를, 다음에는 보성소리를 대표하는 소리꾼으로서, 김소희, 박초월 등 대가들과 음반도 많이 냈으나, 현재는 목을 상하여 제자 양성에 주력하고 있다.

성창순 1934~
광주광역시 출신으로 명창 성원목의 장녀이다. 1948년 부친과 함께 국극협단에 참여하였으며, 김연수, 김소희, 박녹주로부터 〈심청가〉〈춘향가〉〈흥보가〉를 배웠고, 뒤에 다시 정응민과 정권진으로부터 〈심청가〉와 〈춘향가〉를 배웠다. 1968년에는 국전 서예부에 입선을 하였다. 1978년에 박봉술로부터 〈적벽가〉 전반부를 배웠고, 이 해에 전주대사습놀이 전국대회에서 장원을 하였다. 1982년 제1회 KBS 국악대상을 수상하였고, 1987년 무형문화재 후보에 이어 1991년 정응민 바디 〈심청가〉로 중요무형문화재로 지정되었다. 현재 성창순은 보성소리를 대표하는 소리꾼으로 이름을 얻고 있는데, 목소리가 맑고 애원한 맛이 있어 슬픈 가락을 노래하는 데 탁월하다는 평가를 받고 있다.

송광록 ?~?
전북 남원시 운봉읍 출신으로 가왕 송흥록의 동생이다. 처음에는 형인 송흥록의 고수 노릇을 했으나, 고수의 하대에 불만을 품고 제주도로 들어가 수년간의 노력 끝에 대명창이 되었다고 한다. 전기 8명창 중 한 사람이다. 더늠으로는 진양조 '사랑가'가 전한다.

송만갑 1865~1939
전남 구례군 구례읍 봉북리 출신으로 알려져 있었는데, 본인이 쓴 자서전에서 순천시 낙안 출신이라고 해서 출신지가 논란에 싸였다. 동편제 판소리의 시조인 가왕 송흥록의 종손으로 알려져 있었으나, 최근에 송흥록의 친손자로 되어 있는 족보가 나와서 송만갑의 가계에 대해서도 논란이 일고 있다. 송만갑은 일곱 살 때부터 아버지인 송우룡에게 판소리를 배워 열세 살 때부터 소년 명창으로 이름을 날렸다. 최근 발견된 그의 자서전에서는 박만순에게 소리공부를 했다고 하였다. 송만갑은 배운 대로 소리를 하지 않고 자기 나름의 소리를 하여, 가문의 소리를 지키지 않았다는 이유로 아버지에게 죽임을 당할 뻔하기도 했다고 한다. 근대 5명창 중 한 사람으로 수많은 제자를 두었으며, 순종으로부터 사헌부 감찰 벼슬을 받았고, 궁내부 별순검이라는 벼슬을 석 달 동안 수행하기도 했다. 고음의 철성으로 소리를 했는데, 현재 녹음이 남아 있는 사람 중에서는 가장 전형적인 동편제 소리를 한 것으로 평가된다. 판소리 다섯 바탕 모두를 잘했으나, 〈흥보가〉와 〈수궁가〉〈적벽가〉가 잘 전승되고 있다. 대표적인 제자로는 김정문, 장판개, 박봉래, 김소희, 박녹주 등이 있다.

송순섭 1939~
전남 고흥군 점암면 출신으로, 아호는 운산(雲山)이다. 열아홉 살 때 공대일에게 〈흥보가〉를 배우기 시작하면서 판소리에 입문하였다. 이후 김준섭으로부터 〈심청가〉, 김연수로부터 〈춘향가〉, 박봉술로부터 〈흥보가〉와 〈수궁가〉〈적벽가〉를 배웠다. 1987년부터 1990년까지 전라남도 도립국악단 창악부장을 역임하였다. 1989년 박봉술 바디 〈적벽가〉로 무형문화재 보유자 후보로 지정되었고, 2002년에 무형문화재로 지정되었다. 1994년에 전주대사습놀이 전국대회에서 장원하여 대통령상을 수상하였다. 오랫동안 부산에서 활동하다가 현재는 광주에 거주하면서 후진을 양성하고 있는데, 박봉술 바디 〈적벽가〉를 가장 충실하게 이어받은 사람으로 평가받고 있다. 목은 탁하고 거칠지만, 오랜 수련을 통해 이를 극복하였다.

송우룡?~?

헌종 때부터 고종 때까지 활약한 명창이다. 아명이 '우렁이'였기 때문에 이를 따서 이름을 우룡雨龍이라고 했다고 하는데, 최근에 발견된 제적에는 우응又用으로 되어 있다. 전남 구례 출신으로 송흥록의 아들이자, 송만갑의 아버지이며, 후기 8명창 중 한 사람이다. 박만순과 자웅을 다투었으나 후에 성대를 상하여 제자 양성에 주력했다. 〈수궁가〉를 잘했으며, '토끼 배 가르는 대목'이 그의 더늠이다.

송흥록?~?

전북 남원시 운봉읍 화수리 비전마을 출신이며, 19세기 전반에 활동한 전기 8명창 중 한 사람이다. 동편제 판소리의 창시자로 가왕歌王으로 일컬어지며, 판소리의 중시조로 추앙을 받는다. 그의 집안에서는 아우 광록과 매부 김성옥, 아들 송우룡, 손자 송만갑, 증손자 송기덕 등이 배출되어 우리나라 판소리사에 보기 드문 명창의 가계를 형성하였다. 매부 김성옥이 창시했다고 하는 진양조를 완성하였으며, 계면조를 완성하고, 산유화제의 도입으로 경상도 민요 선율을 판소리화하였다. 귀신에게 배웠다는 귀곡성이 유명하며, 〈변강쇠가〉 〈춘향가〉 중 '옥중가', 〈적벽가〉를 잘했다고 한다.

신영희 1942~

전남 진도군 지산면 출신이다. 어려서부터 부친 신치선과 안기선, 장월중선, 김준섭, 박봉술, 강도근 등으로부터 판소리를 배웠다. 1980년 김소희로부터 〈춘향가〉를 배웠으며, 1992년 김소희 바디 〈춘향가〉로 무형문화재 후보로 지정되었다. 1963년 아시아민속예술제 창악부 최우수상(서울특별시장상)을 수상하였고, 1976년부터는 국립창극단에 입단해 활동하였다. 1977년 남원 춘향제 명창부에서 최우수상을 수상하였고, 1986년 제22회 백상예술대상 연기부문 특별상을 수상하였다. 소리의 선이 굵고 남성적이라는 평을 듣는다.

안숙선 1949~

전북 남원시 산동면 대상리 출신이다. 어려서 강도근 명창을 사사하면서 판소리에 입문하였다. 정광수로부터 〈수궁가〉, 김소희로부터 〈춘향가〉 〈심청가〉 〈흥보가〉, 박봉술로부터 〈적벽가〉를 배웠으며, 박귀희로부터 가야금산조와 가야금병창을 배웠다. 1979년 국립창극단에 입단해 활동하였고, 1986년에는 남원 춘향제 판소리 명창대회에서 대통령상을 수상하였다. 1987년 KBS 국악대상을 수상하였고, 1989년 가야금산조 및 병창 무형문화재 후보로 지정되었으며, 1997년 중요무형문화재 제23호 가야금산조 및 병창 무형문화재로 지정되었다. 1993년 대한민국 문화예술상을 수상하였고, 1999년 대한민국 문화훈장을 받았다. 국립창극단장, 극립창극단 예술감독, 한국예술종합학교 교수, 전주세계소리축제 조직위원장을 역임하였다. 곱고 맑은 목으로 분명하게 소리를 하며, 현재 가장 인기 있는 소리꾼이다.

염계달?~?

경기도 여주, 혹은 충남 덕산군 출신이라고 하며, 전기 8명창 중 한 사람이다. 충청북도 음성 벽절로 소리공부를 하러 가던 도중 〈장끼전〉 한 권을 습득하여, 〈장끼타령〉을 익힌 뒤 이를 잘 불렀다고 한다. 헌종 어전에서 소리를 여러 차례 하여 동지 벼슬을 받았으며, '추천목'이라 하여 매우 흥겨운 선율을 만들었다. 〈장끼타령〉과 〈춘향가〉를 잘했는데, 그의 더늠은 〈춘향가〉 중 '춘향이가 매를 맞고 하옥되는 대목'이다.

오수암 1908~1945

전남 나주시 반남면 출신으로, 가야금산조의 창시자인 김창조의 외손자이다. 일명 오수바우라고도 한다. 임방울과 비슷한 연배로 김창환에게 수학하였으며, 임방울과 함께 공창식에게도 배웠다. 일제강점기 오케레코드사에서 〈흥보가〉를 취입하였고,

광주에서 오랫동안 후진을 양성하였다. 오수암의 〈흥보가〉는 김창환의 〈흥보가〉에 비해 속조로 기울어졌다는 평을 듣는다. 박초월이 〈흥보가〉의 많은 부분을 전승하였다.

오정숙 1935~2008. 7. 7

1935년 경남 진주시에서 출생했으나, 본래 근거지는 전북 완주군 소양면이다. 14세 때 김연수를 따라 판소리를 익히면서 판소리에 입문하였다. 아성창극단, 우리국악단, 김연수창극단 등에서 활동하였으며, 1972년부터 김연수를 모시고 익산에서 판소리 다섯 바탕을 모두 배웠다. 1972년부터 해마다 완창 발표회를 하여 1976년 다섯 바탕 완창 발표를 마쳤다. 1975년 제1회 전주대사습놀이 전국대회에서 장원을 하였고, 1977년부터 20년간 국립창극단 지도위원으로 활동하였다. 1983년 광주 남도문화제 판소리 특장부에서 대통령상을 수상하였으며, 1984년 KBS 국악대상을 수상하였다. 1991년 무형문화재로 지정되었다. 오정숙은 김연수의 판소리를 충실하게 이어받아 많은 제자를 양성함으로써, 김연수의 판소리를 현대 판소리의 기둥으로 키워냈다. 오정숙의 목소리는 지나치게 맑은 편이나 공력과 관중을 휘어잡는 탁월한 능력, 사실적인 아니리와 너름새로 판소리의 극적인 성격을 가장 잘 구현하는 소리꾼이었다. 익산과 완주군 대둔산 아래에 판소리 전수소를 마련하고 후진을 양성하다가 별세하였다.

유성준 1873~1949

전남 구례군 출신으로 김정문의 외삼촌이다. 구례, 하동, 진주 등에서 거주하다가, 경남 하동군 악양면에서 별세하였다. 근대 5명창 중 한 사람으로, 송만갑과 함께 송우룡에게 배웠다고 하는데, 장재백으로부터 배웠다고도 한다. 〈수궁가〉와 〈적벽가〉를 잘해서 많은 제자를 두었는데, 제자들은 현대 판소리를 대표하는 사람들로 성장했다. 대표적인 제자로는 임방울, 김연수, 정광수, 박동진, 강도근, 박초월이 있다. 유성준은 특히 〈수궁가〉를 잘했는데, 그의 더늠은 〈수궁가〉 중 '별주부와 토끼 상면하는 대목'이다.

이날치 1820~1892

전남 담양군 수북면 출신인데 후에 장성으로 이사하여 살았다. 본명은 경숙인데, 몸이 하도 날쌔서 날치라는 별명으로 불렸다고 한다. 줄타기를 하다가 박만순의 고수가 되었으며, 후에 명창으로 대성하였다. 박유전의 제자로 후기 8명창 중 한 사람이다. 수리성으로 성량이 매우 컸다고 하며 서민적인 소리를 한 것으로 알려져 있다. 〈새타령〉을 잘하여 〈새타령〉을 부르면 새가 날아올 지경이었다고 전한다. 〈춘향가〉와 〈심청가〉를 잘했으며, 박유전의 〈새타령〉을 이동백에게 전하였다. 더늠은 〈춘향가〉 중 '망부사'이다.

이동백 1867~1950

충남 서천군 종천면 도만리 출신으로, 김정근과 김세종으로부터 판소리를 배웠다. 경상남도 창원에서 거주하다가 45세 때 상경하여 활동을 시작했으며, 고종으로부터 정삼품 통정대부를 제수받았는데, 이 벼슬은 소리꾼이 받은 벼슬 중 가장 높다. 근대 5명창 중 한 사람인데, 5명창 중에서도 가장 높은 대우를 받았다. 〈춘향가〉〈심청가〉〈적벽가〉를 잘했는데, 특히 〈새타령〉은 그의 등록상표와 같았다.

이선유 1872~?

경남 진주시 출생이다. 10세 때 소리공부를 시작하여 15세 때 송우룡 밑에서 3년간 공부를 하였다. 이후 독공하다가 김세종의 지침을 받고 비로소 판소리를 터득하였다고 한다. 1933년 판소리 다섯 바탕 사설을 정리하여 『5가전집』을 펴냈는데, 이것은 창자가 간행한 최초의 판소리 창본이다. 〈수궁가〉를 잘 불렀다.

이일주 1936~

충남 부여시 부여읍 출신이며, 본명은 옥희이다. 어려서부터 부친 이기중에게 판소리 수업을 받다가 김연수의 우리국악단에 입단하여 활동을 시작하였다. 25세 때 박초월을 만나 〈흥보가〉와 〈수궁가〉를 배우고, 김소희로부터 〈심청가〉와 〈춘향가〉를 배웠다. 명창 오정숙으로부터 판소리 다섯 바탕 모두를 배웠다. 1979년 전주대사습놀이 전국대회에서 장원에 올랐고, 1984년 전라북도 지방무형문화재로 지정되었다. 전라북도 도립국악원 창악부 교수를 역임하였으며, 김연수 바디 판소리 다섯 바탕 모두를 녹음하여 음반을 냈다. 통성으로 발성을 하는데, 서슬 있는 목에 구성이 좋으며, 〈춘향가〉 〈심청가〉 〈흥보가〉 〈수궁가〉에 모두 능하다.

이화중선 1898~1943

부산 출생이나, 벌교읍, 목포시를 거쳐 남원시에서 성장하였다. 17세 때 협률사 공연을 보고 감동하여, 집을 나가 장득주에게 판소리를 배웠다고 하는데, 장득주에게 판소리 공부를 받기 위해 그의 동생 장득진과 결혼해서 순창 적성에서 살았다. 얼굴은 일색이 아니었으나 목소리는 그 누구도 따를 수 없었다. 상경 후 송만갑, 이동백 등에게 배워 당시 최고의 여창으로 군림하였다. 1923년 경복궁에서 개최된 전국판소리대회에서 '추월만정'을 불러 배설향을 압도한 이후 이름을 날렸으며, 1943년 징용자 위문 공연을 위해 일본 규슈에 갔다가 시가현 앞바다에서 배가 전복되는 바람에 사망하였다. 비음이 섞인 그의 소리는 슬픈 대목에서는 따를 자가 없었다. 더늠은 〈심청가〉 중 '추월만정'과 〈춘향가〉 중 '사랑가'이다.

임방울 1905~1961

광주시 광산구 송정동에서 출생했으며, 본명은 승근이다. 열네 살 때 박재실 문하에 들어 판소리에 입문하고, 이후에 공창식, 유성준에게 배웠다. 25세 때 외삼촌인 김창환의 소개로 '쑥대머리'를 불러 선풍적인 인기를 얻었다. '쑥대머리'는 일제 강점기 최고의 판소리 히트곡이다. 슬픈 가락의 표현에 능하였으며, 천부적인 성대와 목구성으로 사망하기까지 최고의 남자 판소리 명창으로 군림하였다. 일제 강점기 판소리의 세속화 과정에서 가장 성공한 소리꾼으로 평가받는다. 〈춘향가〉 〈수궁가〉 〈적벽가〉를 잘 불렀다.

장재백 ?~1907

장자백으로 알려져 있었으나, 최근 호적과 전라감영 문서의 발견으로 장재백으로 확인되었다. 전북 순창군 출신이라고 하는데, 호적상으로는 남원시 주생면 내동리와 남원시 월락동에서 살았으며, 내동리에 묘가 있다. 1887년 무과에 급제하여 교지를 받았고, 전라감영 문서인 〈연수전중용하기〉에 이날치, 김세종과 함께 잔치에 참여하고, 이날치와 같이 50냥을 받은 기록이 남아 있다. 김세종의 제자로서 동편제 명창이며, 후기 8명창 중 한 사람이다. 이화중선의 남편이었던 장득진의 삼촌이기도 하다. 〈변강쇠가〉와 〈춘향가〉를 잘했으며, 더늠은 〈춘향가〉 중 '적성가'이다.

장판개 1885~1937

출생은 전남 곡성군 옥과읍이지만, 후에 전북 순창군 금과면 내동리 225번지로 이사하여 그곳에서 살다가 생을 마쳤다. 아호는 학순鶴舜이다. 일찍부터 음악적 재능을 보였는데, 이를 알아본 장판개의 부친이 송만갑에게 소리를 배우게 하는 한편, 자신이 직접 거문고와 피리를 가르쳤다. 송만갑의 수종고수를 오래 하였으므로, 명고수로도 널리 알려져 있다. 〈적벽가〉를 잘했으며, 그의 더늠은 '제비노정기' '놀보 제비 노정기로 부름'이다. 고종으로부터 참봉 교지를 받았다.

정광수 1909~2003

전남 나주시 공산면 출신으로, 명창 정창업의 손자이며, 본명은 용훈이다. 어려서부터 조부인 정창업에게 판소리를 배웠으며, 후에 김창환 문하에 들어가서 김창환과 김봉학으로부터 〈흥보가〉를 배웠다. 25세 때 순천 권번 소리선생으로 있으면서 유성준으로부터 〈수궁가〉와 〈적벽가〉를 배웠다. 해방 후 광주에서 국악원을 운영하다가 상경하여 활동하였으며, 1964년 중요무형문화재 보유자로 지정되었다. 정광수는 목이 다소 뻣뻣한 편이나, 대가에게 배워 고제 판소리를 잘 간직하고 있으며, 특히 유성준과 흡사한 목을 구사했다.

정권진 1927~1986

전남 보성군 회천면 출신으로 명창 정재근의 종손이며, 정응민의 아들이다. 아버지 정응민의 소리제를 그대로 계승하여, 〈춘향가〉〈심청가〉〈수궁가〉〈적벽가〉를 모두 잘 불렀다. 고음은 약하지만, 구성 있고 변화를 적절히 구사하는 성음으로 애절한 대목을 잘 불렀다. 1970년 〈심청가〉로 중요무형문화재로 지정되었다. 1964년부터 1982년까지 국악예술학교 교사, 1983년부터는 전남대학교 국악과 대우교수를 역임하였다. 세칭 '보성소리'의 정통 계승자이며, 최고 대가였다.

정응민 1894~1960

전남 보성군 회천면 출신으로 명창 정재근의 조카이다. 백부인 정재근의 소리를 어려서부터 익힌 데다가, 김찬업으로부터 김세종 바디 동편제 〈춘향가〉를 배워, 이른바 '보성소리'를 완성하였다. 외부 활동을 거의 하지 않고 지방에 묻혀 살면서 판소리를 갈고 닦아, '보성소리'를 최고의 판소리로 가꾸었다. 해방 후 그의 판소리가 고제 판소리의 특징을 그대로 간직한 소리로 재평가되면서 수많은 제자를 양성했는데, 대표적인 제자로는 아들인 정권진과 성우향, 성창순, 조상현, 박춘성 등이 있다.

정재근 ?~?

전남 나주시 출신으로 고종 때의 서편제 명창이다. 박유전이 서울에서 낙향한 후 박유전을 모시고 전남 보성군 회천면으로 이사하여 박유전의 후기 소리를 계승하였다. 세칭 '보성소리'의 첫번째 명창이다.

정정렬 1876~1938

전북 익산시 망성면 출신, 혹은 김제시 백산면 흥복리 출신으로 알려져 있다. 7세 때 정창업의 문하에 들어가 판소리 수업을 시작하였고, 이날치에게도 배웠다. 성대가 약해 오랜 독공 기간을 거친 후 1926년에 상경하여, 〈춘향가〉 중 "일야는 꿈을 비니……"로 시작하는 '몽중가'로 일약 유명해졌다. 조선성악연구회에 참여하여 창극의 전형을 확립한 명창으로 근대 5명창의 한 사람이다. 극단적인 엇부침과 계면조 위주의 창법으로 유명하였다. 〈심청가〉〈적벽가〉〈춘향가〉를 잘했는데, 특히 그의 〈춘향가〉는 신식 〈춘향가〉로 일컬어질 만큼 현대적인 특성이 가미된 〈춘향가〉로서, 현대 〈춘향가〉의 바탕이 되었다. 김연수, 김소희, 박녹주, 김여란, 이기권, 박동진 등의 제자를 두었다. 더늠은 〈춘향가〉 중 '신연맞이'이다.

정창업 1847~1919

전남 함평군 출신이다. 박유전의 수제자라고 하나, 박유전과는 다른 계통의 서편소리를 했다고 하기도 한다. 신재효의 지도를 받기도 하였다. 전주 통인칭 대사습에서 실수한 일로 유명하며, 후기 8명창 중 한 사람이다. 〈심청가〉와 〈흥보가〉가 장기였는데, 특히 슬픈 대목을 잘했다. 더늠은 〈심청가〉 중 '중 내려오는 대목'이다.

정춘풍 고종 시대

충청도 양반가 출신으로 진사과에 올랐다고 한다. 우조 중심의 동편제 창법을 구사했으며, 후기 8명창 중 한 사람으로 일컬어진다. 특히 대원군이 그의 소리를 좋아했다고 한다. 이론에 밝아 '남에 신재효, 북에 정춘풍'으로 일컬어졌으며, 만년에는 전북 여산에 거주하였다. 〈적벽가〉를 잘했으며, 그의 더늠은 '소상팔경가'이다.

조상현 1939~

전남 보성군 출신으로 본명은 상석相錫이다. 14세 때부터 정응민 문하에서 〈춘향가〉〈심청가〉〈수궁가〉를 배웠다. 19세 때 정광수로부터 1년간 〈흥보가〉를 배웠고, 서른두 살 때부터 4년간 박녹주로부터 〈흥보가〉를 배웠다. 또 박봉술로부터 〈적벽가〉를 배우기도 하였다. 1957년 이승만 대통령 84회 생신기념 전국명창대회에서 최우수상을 수상하였고, 1976년 전주대사습놀이 전국대회에서 장원을 차지하였다. 1971년 중요무형문화재 제5호 판소리 전수장학생으로 선정되었다가 1976년에는 중요무형문화재 제5호 판소리 이수자로 인정되었다. 1982년 판소리보존연구회 이사장, KBS 창극단장을 역임하였고, 1983년에는 KBS 국악대상을 수상하였다. 1991년 보성소리 〈심청가〉로 무형문화재로 지정되었으나, 후에 취소되었다. '보성소리'의 충실한 계승자이며, 우람한 수리성으로 보성소리를 대표하고 있다.

조통달 1945~

전북 익산시 황등면 출신으로 본명은 동규東圭이다. 이모인 박초월로부터 어려서부터 판소리를 배웠으며, 정권진으로부터 〈심청가〉를 배우기도 하였다. 국립창극단에서 오랫동안 주역으로 활동했으며, 1977년 중요무형문화재 제5호 판소리박초월 바디 〈수궁가〉 이수자로 선정되었다. 1980년 전주대사습놀이 전국대회에서 장원을 하였고, 1988년 박초월 바디 〈수궁가〉로 무형문화재 후보로 지정되었다. 우렁찬 천구성으로 현재 활동하고 있는 소리꾼 중에서는 가장 좋은 목을 가졌다. 현재 익산시 왕궁면에서 후진을 양성하고 있다.

조학진 1877~1951

전남 나주시 출신이며, 박기홍의 제자이다. 목이 좋지는 못하였으나, 오랜 노력 끝에 동편제 창법을 계승하여 명창으로 이름을 날렸다. 판소리 이론에 탁월했다고 하며, 일제강점기에 주로 대구 권번에서 후진을 양성하였다. 박동진이 그의 〈적벽가〉를 이었다. 〈적벽가〉와 〈춘향가〉를 잘했다.

진채선 1846~?

전북 고창군 심원면 월산리 출신으로 최초의 여자 판소리 명창이다. 무당인 어머니 밑에서 무업을 수업받다가 신재효에게 발탁되어 판소리 공부를 했다. 1867년 경회루 낙성연에서 김세종과 함께 참여하여 소리를 했다가, 대원군의 눈에 들어 운현궁에 머물면서 소리를 하였다. 1870년에 신재효가 진채선을 그리며 〈도리화가〉라는 노래를 지었다. 대원군 몰락 이후의 행적은 불분명하다. 〈춘향가〉와 〈심청가〉를 잘했으며, 더늠은 〈춘향가〉 중 '기생 점고하는 대목'이다.

최난수 1931~

전북 임실군 운암면 옥정리 출신이다. 열두살 때 이리에 있던 이기권에게 판소리를 배우기 시작하였다. 스무 살 때 박초월을 사사하여 〈춘향가〉〈수궁가〉〈흥보가〉를 배웠으며, 이후 창극단 활동을 오래 하였다. 군산, 김제, 정읍 국악원을 거쳐, 현재 군산에서 판소리연구소를 운영하고 있다. 1980년 전주대사습놀이 전국대회에서 장원을 하였으며, 1987년 전라북도 무형문화재로 지정되었다. 박초월의 충실한 계승자로 힘차고 서슬 있는 목이 특징이다.

최승희 1937~

전북 익산시 출신으로 본명은 채선이다. 원광여중을 졸업하고, 군산에서 홍정택으로부터 판소리를 배우기 시작하면서 판소리에 입문하였다. 19세 때 상경하여 김여란으로부터 〈춘향가〉를 배웠고, 박초월로부터 〈수궁가〉, 한농선으로부터 〈흥보가〉를 배웠다. 명고수 김명환으로부터는 보성소리 〈심청가〉를 배웠다. 1981년 전주대사습놀이 전국대회에서 장원을 하였고, 1992년에 전라북도 무형문화재로 지정되었다. 전북도립국악원 창악 교수로 근무하다가, 지금은 전주에서 후진을 양성하고 있다. 정정렬에서 김여란으로 이어진 정정렬 바디 〈춘향가〉의 가장 충실한 계승자이다.

한농선 1934~2002
전남 목포시 출신으로, 본명은 귀례貴禮이며, 가야금의 명인 한성기의 딸이다. 최막동, 강장원, 박초월, 박녹주로부터 판소리를 배우고, 1954년에 국극사에 입단하여 활동하였다. 1957년에는 김연수로부터 〈수궁가〉와 〈심청가〉를 배웠으며, 1958년에는 임춘앵의 여성국악동지사에 참여하기도 했다. 1982년 박녹주 바디 〈흥보가〉로 무형문화재 보유자 후보로 지정되었다가 2002년 타계하였다.

한승호 1924~2010
광주광역시 금남동에서 명창 한성태의 셋째 아들로 출생하였으며, 본명은 갑주이다. 15세까지 성원목으로부터 〈심청가〉를 배우다가, 이후 김채만의 수제자인 박종원으로부터 〈적벽가〉를 배웠고, 1937년에 상경하여 송만갑, 이동백, 정정렬 등을 수종하였다. 박동실로부터 박동실 바디 〈심청가〉를 배웠다. 한승호의 목은 수리성으로 성량이 풍부하며, 아구성과 혀재침이 특기이다. 1976년 박종원의 서편제 〈적벽가〉로 중요무형문화재로 지정받았다. 지나치게 즉흥성이 강한 소리를 했기 때문에 배우기가 어려워 후계자를 남기지는 못하고 2010년 1월 28일 타계하였다.

한애순 1924~
전남 곡성군 옥과면 출신이다. 10세 때 한재옥 문하에서 판소리에 입문하였다. 12세 때부터 16세 때까지 4년간 박동실 문하에서 김소희, 임소향 등과 함께 〈심청가〉를 공부하고 창극단 활동을 같이 하였다. 24세 때부터 3년간 임방울과 함께 활동하였으며, 38세 때 1년간 상경하여 박녹주로부터 〈흥보가〉를 배웠다. 박동실 바디 〈심청가〉의 가장 충실한 계승자로 인정되어 1974년 전라남도 지방문화재로 지정되었다가, 행정구역 개편으로 광주시 무형문화재가 되었다. 현재 광주에서 후진을 양성하고 있다.

주

1 민속음악은 '기록, 곧 악보가 없이 구두전승되는 음악'을 가리킨다. 악보가 있는 음악은 '예술음악'이라고 한다. 악보가 없는 음악은 성악에도 있고, 기악에도 있다. 민요는 악보가 없는 음악이고, 전통 기악 독주곡인 산조도 악보가 없는 민속음악이다. 판소리도 악보가 없는 음악이기 때문에 당연히 민속음악이다.
2 손태도, 『광대의 가창 문화』, 집문당, 2003, 59쪽.
3 손태도, 같은 책, 65~86쪽 참조.
4 적송지성·추엽륭, 『조선무속의 연구』 하, 심우성 역, 동문선, 1991, 282~283쪽 참조.
5 손태도, 「우리나라의 광대를 아십니까?」, 『판소리 유네스코 세계무형문화유산 선정 5주년 기념세미나 발표집』, 한국유네스코연맹 전북협회, 2008, 17~19쪽 참조.
6 김재철, 『조선연극사』, 학예사, 1939, 170~171쪽.
7 강한영 교주, 『신재효 판소리사설집』, 교문사, 1971, 659~670쪽 참조. 본문 속 인용은 이 책을 참조하여 현대 표기법으로 바꾸었다.
8 박황, 『판소리 소사』, 신구문화사, 1974, 63~64쪽 참조.
9 김흥규, 「판소리의 서사적 구조」, 『판소리의 이해』, 조동일·김흥규 편, 창작과비평사, 1978, 116~126쪽 참조.
10 김대행, 『한국시가 구조연구』, 심영사, 1984, 205쪽.
11 조동일, 「흥부전의 양면성」, 『흥부전 연구』, 인권환 편, 집문당, 1991, 271쪽.
12 김흥규, 앞의 논문, 113쪽.
13 천이두, 『한국문학과 한』, 이우출판사, 1985, 41쪽.
14 진봉규, 『판소리의 이론과 실제』, 수서원, 1984, 45~48쪽 참조.
15 정노식, 『조선창극사』, 조선일보사 출판부, 1940, 22~23쪽 참조.
16 정노식, 같은 책, 25~26쪽 참조.
17 정노식, 같은 책, 30~31쪽 참조.
18 이 부분은 문승재, 「국악 발성법의 음향학적 특질: 판소리 '득음'의 의미」, 『판

소리연구』제7집, 판소리학회, 1996을 참조하였다.
19 이하는 송언, 『우리 소리, 소중한 것이여』, 사계절, 1995, 238~272쪽을 요약한 것임.
20 송언, 같은 책, 264쪽.
21 '보성소리'란 전라남도 보성 지방에 전승되던 판소리를 가리킨다. 구체적으로는 박유전으로부터 전해진 서편제 〈심청가〉, 〈수궁가〉, 〈적벽가〉와 김세종으로부터 전해진 동편제 〈춘향가〉가 정재근, 정응민을 거쳐 정권진·성우향·조상현·성창순 등에게 전승된 소리를 가리킨다.
22 서종문, 「판소리의 '발림'과 '너름새'」, 『다곡 이수봉 선생 회갑 기념 고소설 연구논총』, 1988, 480~481쪽.
23 강한영 교주, 앞의 책, 427쪽. 이와 같은 사설이 〈변강쇠가〉(606쪽)에도 나온다.
24 정노식, 앞의 책, 63~64쪽.
25 이보형 진행, 「판소리 명창 김소희」, 『판소리연구』제2집, 판소리 학회, 1991, 252~253쪽.
26 앙리 구이에, 『철학 쪽에서 본 연극』, 김영렬 역, 태창문화사, 1982, 31쪽.
27 이규섭, 『판소리 답사기행』, 민예원, 1994, 188~189쪽 참조.
28 유영대, 〈이화중선〉(신나라, SYNCD-012) 음반 해설지, 4쪽.
29 김경수, 『소리꾼들, 그 삶을 찾아서』, 일월서각, 1993, 148~149쪽 참조.
30 이보형 진행, 앞의 글, 247~248쪽.
31 이보형 진행, 같은 글, 249쪽.
32 공력(功力) : 판소리에서 수련의 정도를 가리키는 말. '공력이 있다', 혹은 '공력이 좋다'는 많은 수련을 많이 하여 판소리의 예술적 표현에 깊이가 있다는 말.
33 당골(단골)들이 가지고 있던 관할권. 당골은 일정한 지역을 관리하고, 그 대가로 관할 주민들로부터 곡식을 받아 생활한다. 이 당골판은 매매가 가능하다.
34 이능화, 『조선해어화사』, 동문선, 1992, 104~105쪽.
35 박경수, 『소리꾼들, 그 삶을 찾아서』, 일월서각, 1993, 132~137쪽 참조.
36 박황, 「인간문화재 박초월 여사를 말한다」, 『월간 문화재』8권 5호, 1978. 5, 8쪽.
37 정노식, 앞의 책, 21쪽.
38 정노식, 같은 책, 28쪽.
39 정노식, 같은 책, 31쪽.

40 Maud Karpeles, *An Introduction to English Folk Song*, Oxford University Press, 1973, p. 3.
41 정노식, 앞의 책, 163쪽, 196쪽 참조.

참고문헌

강한영 교주, 『신재효 판소리사설집』, 교문사, 1971.
김경수, 『소리꾼들, 그 삶을 찾아서』, 일월서각, 1993.
김대행, 『한국시가 구조연구』, 심영사, 1984.
김재철, 『조선연극사』, 학예사, 1939.
김흥규, 「판소리의 서사적 구조」, 『판소리의 이해』, 조동일·김흥규 편, 창작과비평사, 1978.
문승재, 국악 발성법의 음향학적 특질: 판소리 '득음'의 의미, 『판소리연구』 제7집, 판소리학회, 1996.
박 황, 『판소리 소사』, 신구문화사, 1974.
──, 「인간문화재 박초월 여사를 말한다」, 『월간 문화재』 8권 5호, 1978.
박경수, 『소리꾼들, 그 삶을 찾아서』, 일월서각, 1993.
서종문, 「판소리의 '발림'과 '너름새'」, 『다곡 이수봉 선생 회갑기념 고소설 연구논총』, 1988.
손태도, 『광대의 가창문화』, 집문당, 2003.
──, 「우리나라의 광대를 아십니까?」, 『판소리 유네스코 세계무형문화유산 선정 5주년 기념세미나 발표집』, 한국유네스코연맹 전북협회, 2008.
송 언, 우리 소리, 소중한 것이여』, 사계절, 1995.
앙리 구이에, 『철학 쪽에서 본 연극』, 김영렬 역, 태창문화사, 1982.
유영대, 〈이화중선〉(신나라, SYNCD-012) 음반 해설지.
이규섭, 『판소리 답사기행』, 민예원, 1994.
이능화, 『조선해어화사』, 동문선, 1992.
이보형 진행, 판소리 인간문화재 증언 자료─판소리 명창 김소희, 『판소리 연구』 제2집, 1991.
적송지성·추엽륭, 『조선무속의 연구』 하, 심우성 역, 동문선, 1991.
정노식, 『조선창극사』, 조선일보사 출판부, 1940.
조동일, 「흥부전의 양면성」, 『흥부전 연구』, 인권환 편, 집문당, 1991.
진봉규, 『판소리의 이론과 실제』, 수서원, 1984.
천이두, 『한국문학과 한』, 이우출판사, 1985.

Maud Karpeles, *An Introduction to English Folk Song*, Oxford Universay Press, 1973.

'키워드 한국문화'를 펴내며

 '키워드 한국문화'는 한국의 역사와 문화를 재발견하는 작업이다. 한국문화의 정수를 찾아 그 의미와 가치를 정리하는 일이다. 한 장의 그림 또는 하나의 역사적 장면을 키워드로 삼아, 구체적인 대상을 통해 한국을 찾자는 것이다. 처음 소개되는 것도 있을 것이고, 잘 알려져 있더라도 이제야 그 진면목이 드러나는 것도 있을 것이다. 영상과 멀티미디어에 익숙한 현대적 감각에 맞추어 시청각자료를 풍부히 활용하고자 했다. 우리 것이니 당연히 알아야 한다는 의무감에서가 아니라, 같은 땅에 살았던 사람들의 삶의 이야기를 조근조근 들려주어 자연스레 책을 펼쳐볼 수 있게 했다. 이로써 멀게만 느껴졌던 인문학과 독서대중의 간극을 좁히고자 했다.
 한국문화를 전혀 모르는 사람들에게나, 어렴풋이 알고 있다고 생각하지만 선입관에 사로잡힌 사람들에게, 또 좀더 깊이 알고자 하지만 길을 찾지 못하는 사람들에게 '키워드 한국문화'는 좋은 안내자가 될 것이다. 한국이 어떤 나라인지 묻는 외국의 벗에게 이 책 한 권을 건넴으로써 대답을 대신할 수 있을 것이다. 책이 한 권 한 권 간행될수록 한국문화의 특징과 아름다움이 더욱 선명히 모습을 드러내리라 믿는다. 책으로 만든 '한국문화 특별전시관'의 완공을 손꼽아 기다린다.

키워드 한국문화 기획위원
김문식, 박철상, 신수정, 안대회, 정병설

키워드 한국문화 9
소리꾼
ⓒ 최동현 2011

초판 인쇄 │ 2011년 9월 5일
초판 발행 │ 2011년 9월 16일

지은이 최동현
펴낸이 강병선

책임편집 구민정 │ 편집 오동규 │ 독자모니터 황치영
디자인 엄혜리 이주영 │ 마케팅 방미연 우영희 정유선 나해진
온라인 마케팅 이상혁 한민아 장선아 │ 제작 안정숙 서동관 김애진 │ 제작처 영신사

펴낸곳 (주)문학동네
출판등록 1993년 10월 22일 제406-2003-000045호
주소 413-756 경기도 파주시 문발동 파주출판도시 513-8
전자우편 editor@munhak.com │ 대표전화 031)955-8888 │ 팩스 031)955-8855
문의전화 031)955-8889(마케팅) 031)955-2671(편집)
문학동네카페 http://cafe.naver.com/mhdn │ 트위터 @munhakdongne

ISBN 978-89-546-1578-5 04900
     978-89-546-0990-6 04900 (세트)
* 이 책의 판권은 지은이와 문학동네에 있습니다.
  이 책 내용의 전부 또는 일부를 재사용하려면 반드시 양측의 서면 동의를 받아야 합니다.
* 이 도서의 국립중앙도서관 출판시도서목록(CIP)은 e-CIP 홈페이지
  (http://www.nl.go.kr/ecip)와 국가자료공동목록 시스템(http://www.nl.go.kr/kolisnet)에
  서 이용하실 수 있습니다.(CIP제어번호: CIP2011003337)

www.munhak.com